FRENCH PRACTICE PAPERS

A.C. Gilogley

Principal Teacher of French
Trinity Academy, Edinburgh

Blackie

BLACKIE & SON LTD
Bishopbriggs
Glasgow G64 2NZ

Furnival House
14–18 High Holborn
London WC1V 6BX

© A. C. Gilogley 1981
First published 1981
ISBN 0 216 91068 4

Printed in Great Britain by
Thomson Litho Ltd, East Kilbride, Scotland

Preface

French Practice Papers is intended to provide practice materials primarily for those attempting the Scottish Certificate of Education Revised Traditional Examination in French at O Grade. In particular it provides practice for Paper Ib (Reading Comprehension) and Paper II (Written Dialogues and Written Composition).

There are twenty passages for *Reading Comprehension* and these are roughly graded for difficulty. In each case the pupil has to read the passage carefully and then the questions, and write in English the answers to the questions. The *Vocabulary* related to these passages is provided at the end of the book.

The *Written Dialogues* start with five sample situations with five questions on each to be considered. These are followed by twenty different situations, each asking for three dialogues, making a total of 60 dialogues.

The *Written Compositions* section starts with five sample letters which have appropriate replies. These are followed by twenty letters to which the pupil has to write a reply of between 100 and 130 words.

A *Teacher's Guide* is available which gives answers to the questions in the *Reading Comprehensions* and the simplest of a wide choice of questions or answers to the *Written Dialogues*.

Acknowledgments

The author would like to express his gratitude to Françoise Hollebeque of the Institut Français d'Ecosse, Edinburgh for her invaluable assistance in preparing many of the passages in this book.

A number of the passages for Reading Comprehension have been adapted or simplified from articles in journals and the author and publishers are grateful to the following for permission to do this:

Marie Claire   August 1975, passages 3 and 4; July 1975, passages 5 and 6; January 1975, passage 12; April 1975, passage 13

Paris Match   No. 1380, passage 9; No. 1421, passage 14; No. 1422, passage 16; No. 1412, passage 18

Sélection du Reader's Digest   August 1977, passage 15; July 1977, passage 19; June 1977, passage 20

Contents

Reading Comprehensions

I A la découverte des Ecossais
(Finding out about the Scots)

Read carefully the passage given below, then answer in *English* the questions which follow it.

En arrivant en Ecosse pour la première fois, le Français s'attend à être accueilli par des hommes portant kilt et hautes chaussettes de laine, jouant de la cornemuse et habitant dans des châteaux que hantent des fantômes.

Aussi va-t-il de surprise en surprise quand il découvre, d'abord que la plupart des Ecossais sont habillés comme lui, et que le château hanté n'est pas l'habitation normale des Ecossais. Les maisons sont de style plutôt sévère, hautes et sombres ; les monuments sont aussi en pierre noircie, ce qui leur donne une apparence un peu sinistre, surtout quand le ciel commence, lui aussi, à être sombre.

Dès qu'il quitte la ville pour se rendre à la campagne, le Français est frappé d'admiration devant la beauté des paysages écossais. Il peut faire des vingtaines de kilomètres au milieu de landes immenses ou de pittoresques montagnes, sans rencontrer personne, sauf des moutons, en liberté complète, marchant lourdement à cause du poids de laine qu'ils transportent sur le dos.

Si la faim le prend, le visiteur se laissera peut-être tenter par des boutiques où on lui servira une portion de frites, accompagnée d'un filet de poisson. Mais le seul accompagnement qui lui sera offert sera une de ces sauces en bouteille au goût étrange. "Une fois, mais pas deux!" se dira-t-il.

Mais il ne lui sera pas trop difficile de découvrir un bon restaurant où il aura la joie de goûter la vraie cuisine écossaise faite de plats traditionnels, comme le célèbre haggis (à première vue inappétissant, mais se révélant un délice dès qu'on l'aura goûté).

S'il a la chance de visiter la région des lacs, le Français aime le caractère solitaire et la tranquillité du paysage, mais ce qui l'intérèsse et l'intrigue particulièrement, c'est la présence invisible de "Nessie", ce monstre qui vit, paraît-il, depuis des milliers d'années dans les eaux profondes et noires du Loch Ness. Il s'amuse un peu du sérieux avec lequel les spécialistes ont étudié et étudient encore les eaux du lac pour découvrir quelque trace de ce monstre qui, pour le Français, ne peut être qu'un animal imaginaire.

Mais il aime tout ce mystère et aime imaginer l'apparition soudaine, au milieu du lac, d'une immense tête noire, portant des cornes, crachant du feu et avançant dans sa direction. Cette image lui fait retrouver un instant les rêves et les mythes de son enfance.

Mais ces émotions lui donnent une bonne excuse pour goûter une autre spécialité écossaise, tout aussi universelle: le whisky. Il est alors heureux de s'arrêter dans un pub qu'il choisit traditionnel. Là, il se passionne pour les joueurs de dominos, et il est alors surpris de voir que les clients du pub viennent converser et plaisanter avec lui et qu'ils sont d'agréables compagnons. Ils ne manqueront pas non plus de mentionner leur amour du football et de défendre avec passion leur équipe qui, tout en perdant la plupart des matchs, n'en reste pas moins, à leurs yeux, la meilleure équipe du monde.

C'est alors qu'il se souviendra du jour où, s'étant égaré à Edimbourg et consultant une carte sur le bord du chemin, un automobiliste écossais s'est arrêté pour lui offrir son aide, et lui a même proposé de lui faire visiter la ville. Il se souviendra aussi du jour où, étant en panne de voiture, il a décidé de faire de l'auto-stop et, à sa grande surprise, après quelques minutes seulement, la première voiture de passage s'est arrêtée pour l'emmener vers le garage le plus proche. L'hospitalité est, en effet, un des traits dominants du caractère de l'Ecossais. Cet Ecossais qu'à l'étranger on se représente comme un homme fier de son pays, sûr de lui, amoureux des traditions, mais surtout hospitalier.

QUESTIONS

1 What does a Frenchman expect when he first arrives in Scotland?   4

2 What surprises are in store for him?   2

3 Describe Scottish buildings as seen through his eyes.   5

4 What strikes him about the Scottish scenery?   6

5a. What is he likely to be offered with his fish and chips?   2

  b. How will he react to this?   1

6 What does the Frenchman think of haggis

  a. before tasting it?   1

  b. after tasting it?   1

7a. Apart from the monster, what attracts the Frenchman to the lochs?   2

  b. How long has "Nessie" apparently been alive?   1

  c. What amuses the Frenchman as far as "Nessie" is concerned and why?   3

  d. What details of "Nessie's" description are given?   3

  e. What does the possibility of meeting the monster make him think of?   2

8 What might interest and surprise a Frenchman on his first visit to a Scottish pub?   4

9 How realistic are the Scots about the capabilities of their
   football team? Explain your answer.   3
10 What instances of Scottish hospitality does he recall?   7
11 Which other qualities is the Scotsman thought of as having?   3

                                                              (50)

2 Echangez votre maison pour les vacances!
   (Exchange your house over the holidays!)

Read carefully the passage given below, then answer in *English* the
questions which follow it.

De nos jours il est de plus en plus difficile pour beaucoup de familles
de s'offrir le luxe de partir en vacances à l'étranger si on considère le
prix des transports, du logement, des repas et de la T.V.A. Celles qui
sont habituées aux hôtels iront maintenant à l'étranger tous les deux
ans au lieu de partir chaque année. Celles qui ne peuvent pas se passer
de leurs vacances se tourneront vers le camping ou la location de villas.
Les familles qui trouvent le camping trop fatigant et qui ne veulent
pas rester à la campagne loin de toute civilisation préféreront une autre
possibilité: échanger leurs maisons pendant les vacances.
   Prenez l'exemple de Monsieur et Madame Martin de Londres qui ont
une famille de trois jeunes enfants. La première fois qu'ils sont partis à
l'étranger ils ont trouvé intolérable la vie dans une chambre d'hôtel.
Les enfants voulaient courir et se battre tout le temps, ce qui était très
gênant pour les parents et les autres clients. L'année dernière ils ont
échangé leur maison avec une famille en Allemagne. C'était
formidable! Un chalet dans la Forêt Noire avec une piscine, et des
bicyclettes pour toute la famille. Donc des économies d'essence et des
vacances saines et bon marché.
   Ou bien prenez le cas de cette famille française qui a fait l'échange avec
les Campbell qui vivent dans la banlieue d'Edimbourg. Ils étaient
enchantés que le château et les attractions du centre ville se trouvent à
seulement dix minutes en bus et que la piscine du Commonwealth et
les pistes de ski artificielles soient à portée de la main. Leurs seules
déceptions ont été le temps changeant et le fait que presque toutes les
places pour le Festival avaient été vendues.
   De leur côté, les Campbell étaient également enchantés de trouver
les points touristiques de Paris très accessibles. Ils ont visité la Tour
Eiffel et l'Arc de Triomphe, découvert le charme du Marché aux

Puces et exploré les égouts qu'ils ont trouvé bien moins charmants. Ils ont jugé la cuisine française délicieuse et Mr Campbell a pris l'habitude de boire du vin avec ses repas. Voici quelques mots de Mr Campbell:

"Je regrette de n'avoir pu arranger qu'une quinzaine de jours. Cependant nous avons l'intention de refaire cet échange l'année prochaine et nous nous écrivons régulièrement."

Comment faire pour échanger une maison? On peut s'adresser à une agence ou répondre aux annonces des journaux et des magazines, ou encore on peut proposer sa propre maison. Voici une annonce typique:

> St Aygulf. Villa moderne, trois chambres. Salle
> de bain avec baignoire et douche. Grand jardin.
> Plage et magasins à proximité. Mobylette et
> voiture disponibles. Juillet ou août. Demandons
> un appartement de trois pièces à Londres.

Une fois que l'on s'est mis d'accord sur l'échange, on doit encore prendre certaines décisions. Est-ce que la famille reçue pourra se servir de la voiture, et, si oui, faudra-t-il prendre une assurance supplémentaire? Les draps et les serviettes devront-ils être lavés à la fin du séjour? Le téléphone sera-t-il gratuit? Est-ce que la famille reçue pourra prendre de la nourriture dans le frigo ou le congélateur? Est-ce que l'on devra remplacer ou rembourser les assiettes cassées?

La famille qui reçoit devra aussi laisser une note mentionnant les informations suivantes:

> Adresse et numéro de téléphone du médecin le plus proche.
> Jour où on vide les poubelles.
> Horaire des trains et des bus de la région.
> Monuments à visiter.

Enfin pour ceux qui n'ont pas confiance s'ils prêtent leurs maisons pendant les vacances, pensez-y: votre maison est plus protégée des voleurs que si elle était vide!

QUESTIONS

1a. Why are families finding it more and more difficult to spend a holiday abroad?   4
 b. What sacrifice are many of them forced to make?   2
2a. Why does camping not appeal to some people?   2
 b. What other solution might these people try?   1
3 Why did the Martins not repeat their first experience abroad?   5
4a. Where did they spend their second holiday abroad?   1

b. What three advantages did they gain this time? 3

5*a.* Where do the Campbells live? 1

b. What sports did their French visitors like? 2

c. Why were they disappointed? 2

6 What did both families find equally pleasing? 1

7*a.* What did the Campbells think of the Fleamarket, and of the sewers? 2

b. How did Mr Campbell's drinking habits change? 1

c. Show that Mr Campbell considered the holiday a great success. 3

8 If you wished to exchange your house for the holidays what steps could you take? 3

9 Give three reasons why a large family might consider taking the villa at St Aygulf. 3

10*a.* What problems concerning cars, laundry and phone calls should you consider before exchanging houses? 5

b. What other problems remain to be considered? 4

11 What helpful details might you leave for the visiting family? 4

12 Would you advise people who are afraid of burglars to exchange their house? 1

(50)

3 *Sophia Loren a peur en avion*
(Sophia Loren is afraid of flying)

Read carefully the passage given below, then answer in *English* the questions which follow it.

Il est absurde d'avoir peur en avion. Toutes les statistiques le prouvent. Tout le monde le sait, d'ailleurs. La preuve: de plus en plus de gens utilisent l'avion chaque année pour leurs déplacements. Et pourtant, parmi ces passagers, beaucoup souffrent d'une peur violente. Mais ils la cachent. Ils en ont honte, ils croient être les seuls à connaître l'appréhension du vol. Mais ils se trompent, comme nous le montrent les histoires suivantes.

Ecoutons d'abord Sophia Loren, la célèbre actrice:
"J'ai peur chaque fois que je prends l'avion, mais je le prends quand même. Je suis bien obligée, à cause de mon métier. Je n'aime pas la sensation de dépendre complètement du pilote. Peut-être a-t-il trop bu, ou peut-être est-il drogué, ou bien s'est-il disputé avec sa femme.

Je m'arrange toujours pour rencontrer le pilote avant de prendre l'avion.

"Quand on décolle, je pousse en avant, comme si je pouvais aider. C'est ridicule n'est-ce pas? Là où j'ai le plus peur, c'est quand on descend, brusquement, on ne sait pas pourquoi.

"Un jour mon mari a eu un accident grave comme ça. Il dormait et l'avion est descendu au moins de cent mètres. Il a été projeté contre le plafond et il s'est fait très mal. Il a fallu 140 points pour recoudre son visage et son oreille. C'était le seul dans l'avion qui était blessé, parce qu'il dormait. Alors, je n'aime pas dormir dans l'avion.

"Vous savez ce que je fais? Je prends toujours le moins de bagages possible, parce que je me dis qu'avec tous ces gens et le poids de l'avion lui-même, si moi j'apporte en plus plein de valises, l'avion va tomber... Ça aussi, c'est bête, je le sais bien. Vraiment, je ne veux pas mourir en avion. En voiture on peut toujours faire quelque chose. Et puis si on a un accident, on n'est pas forcément mort. On est blessé, c'est tout. En avion, c'est terminé. On n'a même pas le temps d'y penser."

Ecoutons ensuite le comédien, Claude Titre:

"J'aime avoir peur. L'idée du risque, ça m'excite. Donc j'ai peur en avion et je prends l'avion quand même. Le moment le plus difficile, c'est juste après le décollage, parce que je sais que c'est dans cette phase du vol que se produisent la plupart des accidents. Je suis terrorisé quand l'avion vire sur l'aile, qu'une aile est pointée vers le sol et l'autre vers le ciel. Et puis quand on survole la mer. J'ai très peur de tomber à l'eau, plus que de m'écraser sur une montagne. J'ai peur surtout quand je suis seul. Si je voyage accompagné de quelqu'un que j'aime bien, alors au contraire ce serait plutôt moi qui rassurerais mon compagnon."

Et voici enfin Jean-Claude Dedieu, journaliste, qui nous donne ses impressions:

"Vingt minutes avant de partir, je prends un tranquillisant. Dans l'avion je m'attache avant tout le monde, j'enlève mes chaussures. Je remonte mes genoux contre ma poitrine, pour être dans une position plus sûre en cas d'accident, et aussi pour peser moins sur le plancher de l'avion. Mais mon assistante qui a voyagé une fois avec moi m'a dit: 'Plus jamais je ne monterai en avion avec vous, vous me faites trop peur'.

"Je me nourris de catastrophes, de détails: un avion était tombé parce que le capitaine avait eu une crise cardiaque et le pilote s'était affolé, une autre fois un pneu avait crevé, ou bien le contrôleur au sol s'était trompé, etc...

"Cependant, dès le moment où l'hôtesse dit: 'Attachez vos ceintures, on va atterrir', ma panique disparaît."

1 How does the author support his statement that it is absurd to be afraid of flying?   3

2 How do many passengers deal with their fear? Why do they take such action?   3

3a. Why is Sophia Loren obliged to travel by plane?   1

  b. Why does she not trust the pilot?   3

  c. How does she try to overcome her fear before the flight?   1

4 What does she do at take-off?   2

5a. Describe her husband's accident.   4

  b. How did it affect both him and Sophia?   4

6 "*Ça aussi, c'est bête...*" (line 26). To what is she referring?   2

7 For Sophia Loren, what are the differences between an accident in a plane and an accident in a car?   4

8a. Why does Claude Titre go by plane?   1

  b. List all the things that he is afraid of when flying and give some of the reasons for his fears.   6

9 What is the difference between his behaviour when he is alone and when he is with someone?   2

10 What are the various measures that Jean-Claude Dedieu takes to counteract his fear?   6

11 How did his assistant react when she travelled with him?   2

12 What were the causes of the catastrophes he mentions?   4

13 When does his panic disappear?   2

(50)

4   Et l'équipage de l'avion...?
(What about the crew?)

Read carefully the passage given below, then answer in *English* the questions which follow it.

Nous avons vu déjà l'attitude de certains passagers pendant un voyage en avion. Voici maintenant quelques impressions d'hôtesses de l'air.

  La première nous raconte:

"Les passagers sont souvent inquiets. On le sent. C'est pour cela qu'en stage on nous apprend à être toujours décontractées, souriantes, à ne jamais avoir l'air de nous presser. Les passagers n'arrêtent pas d'observer nos attitudes; pour eux, c'est comme une sorte de baromètre qui leur indique si tout va bien à bord. Ce qui nous fait le plus peur à nous, équipage, c'est le feu dans l'avion. J'ai vu un jour un passager sortir des toilettes, en feu. Il s'était couvert d'eau de cologne—parce que c'est gratuit—et puis en sortant il avait allumé une cigarette. Je ne sais pas très bien ce qui s'est produit, le courant d'air de la porte, l'alcool de l'eau de cologne, la flamme de l'allumette, bref, il s'est littéralement enflammé. Heureusement, j'étais juste devant lui. J'ai attrapé une couverture et on a étouffé le feu. J'ai eu une de ces peurs!

"Depuis, même quand les gens dorment sur les vols de nuit, je n'arrête pas de me promener pour vérifier que personne ne s'est endormi avec une cigarette à la main. Si le feu prend et qu'on ne l'éteint pas tout de suite, il n'y a plus rien à faire. On a de petits extincteurs, bien sûr, mais ça ne servirait à rien. Tout le monde serait très vite asphyxié. C'est ma plus grande terreur."

Et voici maintenant Colette G., la seconde hôtesse de l'air:

"Un jour, un homme d'affaires accompagné de sa femme n'arrêtait pas de tout lui commenter. Il lui disait: 'Normalement, l'avion doit rouler une minute avant de décoller. S'il roule plus longtemps, c'est qu'il y a un problème.' Après le départ, il m'a appelée: 'Que se passe-t-il, mademoiselle, nous n'avons décollé qu'après une minute vingt-cinq secondes?' Je lui ai répondu que tout était parfaitement normal. Il s'est presque mis en colère. 'Voyons, mademoiselle, vous me cachez quelque chose, vous feriez mieux de me le dire, ou bien je vais voir le pilote.' J'ai dû appeler le steward pour le calmer, lui montrer le plan de vol, etc...

"Souvent les passagers demandent à être placés à la queue de l'avion parce qu'ils ont entendu dire qu'en cas d'accident, c'étaient les places les plus sûres. C'est complètement faux: il n'y a pas de place plus sûre ou plus dangereuse qu'une autre. Cela dépend entièrement des circonstances de l'accident qu'on ne peut évidemment pas prévoir.

"Le pire pour nous, c'est que la peur est communicative. S'il y a le moindre incident sans importance—une turbulence par exemple—et qu'un passager s'affole, les passagers qui sont près de lui ont tendance à avoir la même réaction. En fait, on ne risque absolument rien dans les turbulences, à condition d'avoir attaché sa ceinture. Un avion, c'est solide."

Pour éviter d'avoir peur, une bonne méthode est d'apprendre par coeur ces statistiques, et de se les répéter durant tout le vol: par rapport au nombre de passagers transportés et de kilomètres parcourus, l'avion fait vingt fois moins de victimes que l'automobile, et cinq fois moins que le train. Ce nombre de victimes diminue constamment.

Enfin, si on a la terreur du transport aérien, il est recommandé de s'adresser au Dr Sharpe, spécialiste-psychologue à Londres. Ce médecin simule des voyages dans un avion qui reste au sol, avec de véritables hôtesses, voix de pilote, plateaux repas, etc...Une bande magnétique diffuse un bruit de moteurs. Le résultat est garanti.

QUESTIONS

1a. What three things are air hostesses taught during their period of training?   3

  b. Why are these things important?   1

2a. What exactly happened to the passenger who was coming out of the toilet?   5

  b. How did the air hostess deal with the situation?   2

3a. What is the air hostess's greatest fear?   1

  b. What does she do to put her mind at rest?   4

  c. What facilities are there to help in the situation that she fears?   1

  d. What effect would they have?   2

4a. State exactly why the businessman called the air hostess.   3

  b. How did he react to the information she gave him?   4

  c. How did the steward help to calm him down?   1

5 What does the air hostess have to say about the safety of the various seating positions in the plane?   3

6a. How does she illustrate her point that "*la peur est communicative*"?   3

  b. How does she feel about turbulence?   3

7 What is one good way of overcoming one's fear of flying?   2

8 Would you be encouraged to travel by air after reading the statistics presented here? Explain why (not).   5

9 State in detail what help Dr Sharpe has to offer and how effective his treatment is.   7

                                                       (50)

5   *Halte aux pickpockets! (1)*
    (Stop the pickpockets!)

Read carefully the passage given below, then answer in *English* the questions which follow it.

Au moment où la majorité des Francais part en vacances, quelques milliers de pickpockets recommencent discrètement le travail. Ils aiment le travail bien fait et aussi les objets de valeur. Leurs victimes préférées sont les vacanciers.

Rien de plus vulnérable, en effet, qu'une femme encombrée de valises, attendant dans un hall de gare, les yeux fixés sur la grande horloge. Et l'on ne parle pas des touristes se promenant sur le front de mer à Torremolinos, le portefeuille glissé dans la poche du short ou posé sur le sac de plage.

Inutile de dire que les pickpockets connaissent parfaitement les dates des départs en vacances et aussi les horaires des grands express internationaux ayant une importante clientèle d'hommes d'affaires.

On compte environ de cinq à six cents vols par an dans les gares. Ces dernières années ce nombre reste à peu près stable. Les vols ont toujours lieu au moment de l'affluence, les pickpockets opérant en général à deux ou trois, suivant le système classique: l'un bouscule la victime ou la distrait en lui demandant des informations, le deuxième vole l'objet et le passe au troisième qui s'enfuit.

En cours de route les voleurs opèrent en général la nuit, dans les couchettes. Récemment, un contrôleur a surpris à la descente d'un train de grande ligne deux hommes qui avaient une vingtaine de portefeuilles volés aux dormeurs. C'est pour cette raison qu'on conseille aux voyageurs qui prennent des couchettes de fermer leur compartiment et d'utiliser la chaînette de sécurité.

Il faut, en règle générale, se méfier des voyageurs qui vous parlent pour une raison ou l'autre. Surtout de ceux dont vous avez fait connaissance dans le train et qui vous proposent de partager une consigne à l'arrivée. Ils possèdent en général une seconde clé et vous ne reverrez jamais vos bagages. Les policiers attachés aux commissariats des gares conseillent, en plus, de ne jamais laisser votre argent dans la poche d'un veston ou d'un manteau posé dans le filet. De ne jamais mettre vorte portefeuille sous votre oreiller, ou de le glisser sous la banquette. N'oubliez pas de toujours garder votre sac près de vous.

Une anecdote illustre les dangers menaçant les voyageurs. L'écrivain Jean Marabini avait décidé, l'an dernier, de passer quelques jours en Italie. Le 20 août au soir il s'installe dans un compartiment couchette du Paris—Milan. Peu après le départ, un jeune Italien lui apprend que des bandits montent souvent dans le train à la frontière italo-suisse, volant tout ce qu'ils trouvent, sans l'intervention de la police italienne. Il recommande de s'enfermer à clé dans le compartiment, de cacher l'argent et de ne dormir que d'un oeil. Marabini ne réussit pas vraiment à se croire en danger, parce qu'il a le sommeil léger et qu'il pratique le karaté.

Lorsqu'il se réveille à Bologne, c'est avec un violent mal de tête. Il s'aperçoit aussi que ses quatre mille francs ont disparu. Il apprend peu après qu'il n'est pas la seule victime des voleurs et que ceux-ci ont pu opérer calmement entre 4 et 6 heures du matin, ouvrant les compartiments avec une clé spéciale et endormant les voyageurs avec un atomiseur. Le contrôleur, pour sa part, s'était barricadé, les bandits lui ayant, lors d'un précédent voyage, volé un million de lire.

Faire l'Italie en train paraît donc une aventure. Tant de voleurs ont été arrêtés que la police a publié une coûteuse brochure qu'on donne aux étrangers à tous les postes de douane afin de les mettre en garde.

Bonnes vacances!

QUESTIONS

1 Why do you think pickpockets choose this time of year to start work again?   1
2 What two things do the pickpockets like most?   2
3 Describe the most vulnerable type of victim.   3
4 Why are people in Torremolinos attractive prospects to the pickpocket?   2
5 What information do pickpockets obtain in order to help them at railway stations?   3
6 What statistics are we given about thefts in stations?   2
7a. When do most thefts in stations take place?   1
  b. What is the "classic system" that pickpockets operate?   5
8 What advice is given to travellers in couchettes and why?   5
9 Which travellers must you beware of and why?   5
10 What advice do railway policemen give?   6
11a. What information did the young Italian give Jean Marabini and what did he recommend Marabini to do?   5
  b. Why did Marabini think he would be safe?   2
12a. What did he discover when he awoke?   1
  b. Why did he have a headache?   1
13 Why had the ticket inspector not intervened?   2
14 How well do you think Italian police are doing their job? Support your answer with evidence from the last part of the passage.   4

(50)

6 *Halte aux pickpockets! (2)*
(Stop the pickpockets!)

Read carefully the passage given below, then answer in *English* the questions which follow it.

Non seulement les trains et les gares mais aussi les lieux à foule, par exemple les matchs de football, les réunions de boxe, les marchés en plein air (lorsque les marchands ont assez de talent pour provoquer une foule) et les magasins à grande surface sont d'excellents terrains pour les pickpockets.

Dans les grands magasins, même quand on est seule dans une cabine d'essayage, il faut prendre garde: un manche de parapluie pourrait faire disparaître le sac posé à terre! Mais c'est surtout aux rayons d'alimentation que la cliente est la plus vulnérable. Les bras pleins de paquets ou le sac posé distraitement dans son chariot, attirée par le grand choix de nourritures, pressée le plus souvent, elle n'a pratiquement aucune chance d'échapper. Autre endroit dangereux: les queues qui se forment devant les caisses.

Récemment, Antoinette D..., une voleuse qui exerçait ses talents depuis dix ans dans les hypermarchés, fut arrêtée par un inspecteur. Elle opérait avec une telle dextérité et courait donc si peu de risques que son métier de pickpocket finissait par l'ennuyer. Elle inventa donc une petite variante pour s'amuser. Après avoir vidé le portefeuille, elle le plaçait discrètement dans le sac à main d'une seconde victime. Lorsque celle-ci, au moment de payer, découvrait un portefeuille ne lui appartenant pas, Antoinette était secrètement heureuse.

Les techniques sont variées: à la sortie du magasin, par exemple, un homme, les bras encombrés de nourriture, vous bouscule et écrase, "sans le faire exprès", un oeuf sur votre veston. Désolé, il s'excuse et vous aide aimablement à enlever le vêtement pour le nettoyer. Un complice arrive alors, lui arrache des mains le veston contenant votre argent et disparaît à travers le parking.

Même dans votre hôtel il y a des dangers. Voici une technique de vol sans difficulté, qui se pratique surtout dans les 3 ou 4 étoiles. Le voleur loue une chambre le plus normalement du monde et, de préférence, l'une des plus chères. Il fait faire un double de la clé dans la première boutique de "clés minute", paie sa chambre et s'en va. Après il n'aura qu'à s'assurer que le nouvel occupant est sorti pour pouvoir opérér en toute tranquillité.

Dans les grands hôtels modernes, il peut aussi demander tout simplement la clé au réceptionniste. La stratégie est la suivante: le client sort et laisse sa clé chez le réceptionniste. Celui-ci l'accroche au tableau qui peut être vu de tout le monde. Le voleur note le numéro de la chambre et revient un quart d'heure plus tard. Il demande la clé et, s'il a de la chance, le réceptionniste la lui donne. En effet, il y a dans ces hôtels plusieurs réceptionnistes et il leur est presque impossible de se souvenir de tous les clients.

Bien souvent le client facilite le travail du voleur : il oublie de fermer la porte à double tour ou, même, laisse la clé sur la porte. Il est aussi préférable de mettre dans une valise que l'on enferme dans l'armoire les objets dont on ne veut pas se séparer (appareil-photo, magnétophone). Un voleur dispose de très peu de temps pour fouiller une chambre, il hésitera donc à forcer la porte de l'armoire. Quant aux "bonnes" cachettes (sous le matelas, derrière les tableaux), il les connaît par coeur.

N'importe où vous vous trouviez, vous n'échapperez pas aux "professionels"!

QUESTIONS

1 Why do pickpockets like working at football and boxing matches?   1

2 What other places in the first paragraph are favoured by the pickpocket?   3

3a. Where and how can a shopper be robbed even when she is alone in a department store?   3

b. Where is she particularly vulnerable? Explain why.   5

c. At which other part of the store must she also be on guard?   1

4a. Show that Antoinette D ... was no ordinary pickpocket.   5

b. Why had she introduced her unusual variation?   3

5a. Describe the 'accident" that could happen to you as you left the store.   6

b. How would the episode probably end?   2

6a. By what easy method can a thief rob a hotel room?   5

b. In which hotels does this type of thief usually operate?   1

7a. What technique does the thief use in big modern hotels?   5

b. Why is it likely to be successful?   1

8a. What measures can the hotel guest take to avoid being robbed?   5

b. Why might some of these measures foil the thief?   2

9 If you were staying in a hotel, where would you *not* hide your valuables?   2

(50)

14

Read carefully the passage given below, then answer in *English* the questions which follow it.

En 1969 alors qu'il était Président de la République, Monsieur Georges Pompidou décida la construction d'un Centre Culturel. Ce Centre posséderait des cinémas, des théâtres, des salles de musique, des ateliers photographiques, un réseau de télévision, etc. Il offrirait ainsi à ses visiteurs la possibilité de se divertir, de s'informer et d'apprendre davantage sur l'art et la culture de notre temps. Situé au coeur du vieux Paris au Plateau Beaubourg, le Centre National d'Art et de Culture Georges Pompidou a ouvert ses portes au public en 1977.

Nous avons interrogé des jeunes qui venaient de visiter le Centre. Voici leurs impressions sur cette "machine à informer" qui attire dix mille personnes par jour.

DANIEL: "Ce qui m'a d'abord frappé, c'est l'architecture du Centre. Contrairement aux bâtiments modermes construits tout en hauteur, celui-ci est bâti à l'horizontale. On dirait un immense jeu Meccano en acier gris-bleu et en verre. Sur la façade, les escaliers roulants ressemblent à de gros serpents rouges et toutes les installations techniques pour le chauffage et l'aération, sur le côté du bâtiment, forment un système compliqué de tuyaux et de tubes multicolores. J'aime l'audace de sa réalisation."

MURIEL: "Moi, ce que j'aime le plus, c'est la Bibliothèque. Elle est immense: 1300 places et on y trouve un million de livres français et étrangers, des magazines, des disques et des diapos. De plus, c'est gratuit. Il y a aussi une Bibliothèque Enfantine. C'est intelligent car ce sont souvent les enfants qui amènent leurs parents à la Bibliothèque, et non l'inverse. Il y a aussi un Atelier pour Enfants où on les aide à développer leur sens artistique et leur créativité en les invitant à regarder, écouter, inventer, explorer, etc..."

MICHEL: "Et vous avez vu le Musée National d'Art Moderne? Près de deux mille oeuvres, allant de l'époque de cubisme à nos jours, sont exposées. Elles permettent de suivre le développement de l'art au vingtième siècle. Il y a aussi des gravures et des sculptures qui attirent les foules. Personnellement je ne les trouve pas sensationnelles, je préfère de beaucoup les peintures et les photographies.

"Et puis ce qui me plaît, c'est que les mêmes tableaux ne seront pas accrochés pendant dix ans dans les mêmes salles comme dans les musées traditionnels. Cela permet à plus d'artistes de se faire connaître.

"Mais le plus surprenant, c'est la galérie expérimentale. J'ai vu là, par exemple, une chaise ordinaire exposée, et une poubelle pleine d'ordures. Tous les visiteurs riaient, ne pouvaient en croire leurs yeux, se grattaient la tête en se demandant si c'était une erreur ou une plaisanterie. Moi, je pense que ça n'avait rien d'artistique."

JULIETTE: "Tout dépend de la façon dont on voit les objets. Du moins cette forme d'art a l'avantage de rendre le spectateur actif, en l'obligeant à penser."

SYLVIE: "Je me souviens quand j'ai visité le Centre Pompidou pour la première fois. C'était peu après l'ouverture, tout était beau, propre, étincelant. J'ai pensé que ça ne durerait certainement pas et que, très vite, le matériel du centre serait détérioré, les murs salis, etc... comme dans les magasins à grande surface. En fait, je suis très heureuse aujourd'hui de voir que je me trompais et que le Centre est resté en bon état.

"Ce qui est bien aussi, c'est que la construction du Centre a permis au Plateau Beaubourg de renaître à la vie: les maisons ont été restaurées, les jardins et les places rendent le quartier beaucoup plus gai et sympathique."

QUESTIONS

1 What did Georges Pompidou hope to accomplish by providing so many facilities at his new centre?   3
2 Where is the Plateau Beaubourg situated?   1
3 How popular is the centre?   1
4a. Say what impresses Daniel most about the building.   1
 b. How does it differ from other modern buildings?   2
 c. What materials are used in its construction?   2
5a. What is situated at the front of the building?   1
 b. What do the pipes at the side of the building contain?   2
6a. Why does Muriel particularly like the library?   5
 b. Why does she think that the Children's Library has been such a good idea?   2
7 What is the purpose of the Children's Workshop?   1
8 Show that the National Museum of Modern Art lives up to its name.   3
9a. How keen is Michel on sculpture?   1
 b. What advantages, for both artists and public, does he say this museum has over other museums of modern art?   3
10a. What did Michel think of the dustbin that was on show?   1
 b. How did the other visitors react to it?   5
11 Does Juliette agree with Michel? Give reasons for your answer.   3

12a. When did Sylvie first visit the Centre Pompidou?   1
  b. How did it look then?   3
  c. What did she think would happen?   3
  d. Why was this likely?   1
  e. What made Sylvie happy?   1
13 In what ways has the construction of the Centre Pompidou
been good for the Plateau Beaubourg?   4

(50)

8 Un magnétoscope : pourquoi pas?
(A video recorder : Why not?)

Read carefully the passage given below, then answer in *English* the
questions which follow it.

Ces dernières années nous avons vu s'étendre la popularité des
magnétoscopes. Des milliers de familles qui s'etaient contentées jusqu'à
présent de regarder la télévision ont maintenant ajouté l'appareil vidéo
à la liste de leurs distractions.

Il existe actuellement vingt marques d'appareils vidéo. Mis à part
les différences de style et de nom certains sont absolument identiques.
Celles-ci peuvent être réduites à cinq systèmes variés, tous incom-
patibles entre eux et vendus à des prix largement différents. Ces prix
varient entre 4500 francs pour le Philips, que l'acheteur peut trouver
encore moins cher dans les magasins de discount par exemple, et 7000
francs et plus pour les machines allemandes et japonaises. En ce
moment, tout ce qui touche à la vidéo est en pleine confusion. Philips,
qui lança le premier magnétoscope à usage domestique, vient de
produire un appareil à cassette réversible deux fois quatre heures et
aussi un vidéo-disque qui sera peut-être bien plus important.

Comment choisir un magnétoscope

Vous voulez que votre magnétoscope ait la possibilité d'enregistrer en
votre absence (lorsque vous sortez le soir, par exemple, que vous
partez en vacances) ou bien même quand vous voulez vous coucher tôt
après une dure journée de travail? Alors, examinez toutes les
machines. Quelques-unes peuvent commencer l'enregistrement jusqu'à
une quinzaine après votre départ, d'autres jusqu'à 24 heures
seulement. Certaines s'arrêtent automatiquement à la fin de la cassette
et d'autres encore à la fin du programme.

Vous voulez enregistrer la plupart des programmes de l'après-midi?

C'est parfaitement possible avec les appareils qui ont une cassette de quatre heures. D'autres offrent seulement la moitié de cette durée.

Vous considérez comme essentiel un bouton qui vous permettrait d'éliminer les publicités de votre enregistrement et qui se mettrait en marche automatiquement sans que vous ayez à quitter votre fauteuil? Alors comparez minutieusement les marques.

Désirez-vous apprécier les complexités d'un plongeon valant la médaille d'or olympique, admirer un essai de l'Ecosse contre la France, analyser le style d'un service de Bjorn Borg, repasser le "but de la saison"? De toute évidence vous aurez besoin de pouvoir rejouer l'événement lentement ou même d'arreter l'image. Mais attention! La qualité de l'image laisse à désirer!

Les inconvénients qu'il y a à posséder un magnétoscope

a. Les réparations sont coûteuses. L'appareil ne durera probablement pas plus de sept ans. Louer une machine est encore plus cher que de l'acheter et de la faire réparer.

b. Les cassettes sont toujours assez chères. Comme aucun système n'a été standardisé il pourrait être difficile d'acheter des cassettes pré-enregistrées pour votre modèle. Il serait peut-être impossible d'utiliser les cassettes de vos amis sur votre propre appareil.

c. La qualité de l'image et du son enregistrés n'est pas aussi bonne que celle de l'image et du son d'origine, et elle se détériore à mesure que l'appareil ou la cassette vieillit.

Pour vous montrer ce que la vie peut être avec un magnétoscope nous avons interviewé une centaine de personnes d'âges et de conditions diverses. Il y avait la mère qui enregistrait les programmes pour enfants afin de les repasser à l'heure du coucher; le médecin qui était appelé d'urgence à n'importe quelle heure et qui pouvait manquer une partie du feuilleton policier; la sténodactylo qui avait une vie très occupée et qui ne voulait pas manquer l'émission de science-fiction; le boulanger qui devait se lever très tôt le matin et qui avait tendance à s'endormir pendant son programme de variétés.

Ecoutons enfin l'opinion d'un enfant de dix ans:
"Le magnétoscope est extra! Il n'y a plus de disputes dans la famille quand papa et maman veulent regarder leur programme et que moi, je veux voir le mien. Simplement nous regardons l'un et enregistrons l'autre. C'est chouette!"

QUESTIONS

1 Why do you think manufacturers of video-recorders might be feeling particularly pleased?   1

2 Why might the buyer find it difficult to choose a video-recorder?   4

3a. If you wanted to buy as cheaply as possible, which brand would you choose and where would you buy it? 2

 b. Which makes would you not choose? 1

4 Explain the importance of Philips in the field of video. 4

5 Name three occasions when an automatic recording switch might be useful. 4

6 Why might choosing a recorder with such a facility be difficult? 4

7 Why must someone who wishes to record an afternoon's television programmes take care before buying? 1

8 If you were lazy and hated commercials, what feature would you wish your video-recorder to have? 2

9a. Which two facilities would a sports fan consider essential? 2

 b. Which sports lend themselves particularly to being analysed in this way? 4

 c. Why might the sports fan be disappointed? 1

10 Does the author recommend hiring a video-recorder? Give reasons for your answer. 3

11 What problems might you encounter with video-cassettes? 2

12 What comments does the author make about the sound and picture quality of video-recorders? 3

13 Why did the mother who was interviewed find the video-recorder useful? 2

14 How did the video-recorder solve the problems of the doctor, the shorthand-typist and the baker? 7

15 Why was the ten-year-old boy so enthusiastic? 3

(50)

9 *Comment aider les anciens de votre voisinage*
(How to help the old people in your neighbourhood)

Read carefully the passage given below, then answer in *English* the questions which follow it.

Beaucoup de vieillards autour de vous sont pauvres et se sentent seuls. Les pensions n'augmentent pas assez pour rendre leur vie meilleure. Mais vous et vos amis pouvez les aider.

Demandez dans les mairies les adresses des vieillards de votre ville ayant besoin de visites et d'aide ou adressez-vous auprès des concierges des immeubles. Parce que vous êtes jeune, vous pouvez jouer un rôle très important. Vous pouvez, par exemple, envoyer une carte à l'occasion de la Fête des Mères, de la Fête des Pères, de Noël ou du Nouvel-An à des "grands-mères" et des "grands-pères" isolés et sans ressources. Collez sur la carte votre photo; dessinez une fleur, un oiseau... et écrivez un petit message simple du type "bonne année, grand-mère".

Ou bien vous pouvez vous organiser entre amis pour distribuer des cadeaux de Noël aux vieux. Vous pouvez effectuer ce petit travail avec votre vélo ou votre mobylette. De même vous pouvez proposer aux vieillards de faire leurs courses. Ils n'ont plus beaucoup de force pour porter des sacs lourds, vous leur apporterez donc une aide précieuse.

Beaucoup de villes organisent chaque année un voyage d'une journée, réservé aux anciens. C'est un grand jour pour eux. Ils se retrouvent ensemble, font un banquet, échangent des souvenirs du bon vieux temps, chantent des chansons du temps passé et même, les plus alertes essaient une valse. Ils attendent ce voyage avec impatience, comptant les jours avant, et passant des journées après à se le rappeler.

Mais un tel voyage demande beaucoup de préparation et beaucoup de volontaires. Proposez-vous pour accompagner les anciens et les égayer. De petites promenades toutes simples ont le même effet. Peut-être pouvez-vous essayer de vous libérer pour quelques heures pour faire une balade en voiture avec une personne âgée? Un pique-nique dans la campagne ou une excursion sur son lieu de naissance seraient de vraies vacances!

Une promenade à pied peut être envisagée surtout si la vieille dame ou le vieux monsieur est en condition physique suffisamment bonne pour pouvoir marcher. Commencez par des petites promenades dans des rues calmes et tranquilles. N'ayez pas peur de les fatiguer. Ils sont souvent pleins de vitalité et vous aurez la surprise de trouver que, parfois, c'est vous qui serez le plus fatigué.

Pensez aussi à leurs repas. Souvent les personnes âgées mangent peu car, d'une part, elles n'ont pas les moyens financiers, et, d'autre part, elles n'ont plus la force ni le goût de se cuisiner des bons petits plats. Si vous préparez un plat vous-même, il n'est pas difficile de prévoir une portion supplémentaire, et vous pouvez ainsi faire plaisir à un vieillard qui aurait, sans doute, manqué un repas.

Vous pouvez aussi, en leur rendant visite, proposer de leur lire le journal, car la plupart d'entre eux ne voient plus très clair. Ainsi ils ne perdront pas contact avec le monde et se sentiront moins isolés.

Vous pouvez aussi, bien sûr, les aider en accomplissant pour eux quelques petits travaux dans la maison. Remplacer une ampoule électrique ou repeindre une pièce ou suspendre un tableau vous paraît enfantin et constitue pourtant une corvée qui pour un vieillard se transforme malheureusement trop souvent en accident.

Ce ne sont donc pas les idées qui manquent...

A Limoges, des élèves du Lycée technique ont eu une idée qui pourrait être reprise par d'autres lycéens dans les villes de France. Ils ont lancé une campagne qu'ils ont intitulée "un vieillard qui meurt, c'est une bibliothèque qui brûle". Avec un petit magnétophone, ils sont allés voir des personnes âgées, parfois de plus de 90 ans, qui leur ont raconté des histoires qu'ils ont publiées dans une petite brochure.

Sans plus tarder, cherchez autour de vous et vous verrez qu'il n'est pas très difficile de faire plaisir aux personnes âgées. De plus, cela vous rendra joyeux et compréhensif: ne voudriez-vous pas que quelque chose soit fait pour vous quand vous aurez leur âge?

QUESTIONS

1 What are the two main problems that old people face?   2

2 What effect have increased pensions had?   1

3 Where can you obtain addresses of old folk in need?   2

4a. At what times are cards welcome?   4

  b. How might you brighten up a postcard?   3

5 What help can be given at Christmas?   2

6 Why do old people need help with their shopping?   1

7a. What activities occur during the old folks' trips that many towns arrange?   5

  b. How do you know that such trips are especially valued?   3

8a. What factors do you have to bear in mind when taking the aged for a walk?   3

  b. What might surpise you during such a walk?   1

9 What other type of trip might you consider and where might you go?   3

10a. Give three reasons why old people do not eat as well as they should.   3

  b. In what easy way could you help?   2

11a. How can you help them as far as newspapers are concerned?   1

  b. Why will this help be invaluable?   3

12a. What jobs might you do for them around the house?   3

  b. Why is such help important to them?   1

13 "*Un vieillard qui meurt, c'est une bibliothèque qui brûle.*" Explain this statement and tell what the pupils in Limoges did about the situation.   5

14 What effects will helping the old have on you, the helper?   2

(50)

10　N'oublions pas le Nord !

(Don't forget the North!)

Read carefully the passage given below, then answer in *English* the questions which follow it.

Quand on parle des régions touristiques françaises, on cite toujours Paris, ou la Bretagne ou le Midi ou le Périgord, mais jamais le Nord de la France, car on croit qu'il n'y a rien d'intéressant à y voir.

Il est vrai que le paysage du Nord n'a presque pas de collines ou de montagnes pour attirer les touristes, mais il possède un caractère spécial que son histoire, ses coutumes et ses habitants lui ont donné. Ses traditions sont encore bien vivantes dans toute la région. Ainsi, par exemple, la plupart des villes du Nord ont leur carnaval. Ce jour-là c'est la fête pour tous, grands et petits, riches et pauvres. Tout le monde se déguise et défile dans les rues en chantant des airs traditionnels, le plus souvent en dialecte régional.

C'est aussi à l'occasion du Carnaval que l'on sort les "Géants", d'immenses personnages construits en bois et habillés de façon à représenter des hommes historiques ou tout autre héros. On les promène sur des chars décorés qui sont empruntés dans des fermes et qui pendant les semaines précédant le Carnaval sont transformés en véritables petits théâtres. C'est alors que l'on peut voir revivre des personnages de légende ou de l'histoire locale, accompagnés de danseurs et de musiciens. On couvre aussi les chars de fleurs, de ballons, de rubans en papier, etc....

Les préparatifs de la fête se font à la maison et à l'école aussi, et on travaille pendant des mois à créer des chefs d'oeuvre originaux et uniques, des déguisements amusants que l'on cache jusqu'à la dernière minute.

C'est ainsi que les géants font le tour de la ville. Chaque géant a une histoire particulière: a Dunkerque, par exemple, il est entouré de six géants beaucoup plus petits que lui qui sont ses gardes du corps. La fête se termine par une pluie de poissons fumés jetés du haut de l'Hôtel de ville. A Cassel, une ville des Flandres, le géant marche à côté de son épouse, géante elle aussi.... Dans une autre ville, Bailleul, le géant, gros et gras, est assis sur son char, entouré de ses serviteurs, qui le regardent dévorer un mouton entier. Parfois aussi, le géant est remplacé par une poupée de taille humaine que l'on brûle sur la place publique, tout en buvant et dansant autour du feu. Pendant le défilé on s'amuse comme des fous. Les batailles de confettis font rage. On vous en jette dans les cheveux, dans la figure, on vous en fait manger et pendant des jours les confettis resteront dans la rue, rappelant à chacun les bons moments de la fête.

Mais les villages du Nord ont d'autres choses en commun en plus du Carnaval. Par exemple, ils possèdent souvent un château ou une grande "maison de maître" où habite le médecin ou le maire du village. Mais c'est l'église qui est le centre du village, car les gens du Nord sont très attachés à la religion, surtout les femmes. On peut les voir à la messe tous les dimanches dans les premiers rangs, tandisque les hommes restent près de la sortie pour être sûrs d'avoir une place au café d'en face!

Les villages possèdent aussi leurs cafés tous similaires. C'est là que l'on se rencontre, que l'on organise des réunions, que l'on boit—de la bière surtout—, que l'on fume et que l'on joue. On passe des soirées entières à jouer aux cartes, dans l'atmosphère enfumée, parmi les rires et les conversations bruyantes des autres clients.

Un autre point commun aux villages du Nord est l'amour qu'on a pour les animaux: les chiens et les chats sont innombrables et sont toujours bienvenus; les pigeons voyageurs sont élevés avec amour et patience. Le dimanche on organise pour eux des concours: le pigeon est lâché à des centaines de kilomètres de son domicile et il lui faut retrouver son maître en un temps record.

Mais ce qui unit le plus les gens du Nord c'est leur attachement à la maison et leur esprit de famille. Peu importent les joies et les tristesses de la vie, ils trouveront toujours un accueil enthousiaste à la maison, refuge de la famille.

QUESTIONS

_1_ Why do tourists not normally think of going to the north of France? 1

_2_ What features will they *not* find there? 2

_3a._ How popular is Carnival in the north? 1

_b._ What happens at Carnival time? 4

_4_ Describe the Carnival Giants. 3

_5a._ How are the floats decorated? 3

_b._ Who supplies them? 1

_6_ How long do the Carnival preparations take and when are the "masterpieces" unveiled? 2

_7a._ Who accompanies the giant at Dunkirk? 2

_b._ How does this Carnival end? 2

_8_ Describe the scene at Bailleul. 3

_9_ What happens when there is no human giant? 4

_10_ What may happen to you during one of the "confetti battles"? 3

_11_ What do the villages of the north have in common? 4

12 Describe and explain the differences between the male and
female worshippers at Mass. 4

13 How do people spend their time at the village cafés? 5

14 Show how popular dogs and cats are in the north of France. 2

15 Show how interested the people are in homing pigeons. 2

16 Where do people in the north turn in time of difficulty? 2

(50)

11   *La crise du disque*
     (Crisis in the record industry)

Read carefully the passage given below, then answer in *English* the
questions which follow it.

Les disques ne se vendent plus comme des petits pains.

Il semble que l'industrie du disque souffre maintenant de cette
maladie qui a déjà touché tant d'autres industries: la crise économique
des années 70. Quand l'argent se fait rare, on n'achète plus de produits
de luxe, comme les manteaux de fourrure, les lave-vaisselle, les chaînes
hi-fi et les disques. Il n'est pas rare aujourd'hui qu'un disquaire passe
une journée sans voir un seul client. Cela n'a rien de surprenant car les
prix des disques sont montés très rapidement et les taxes viennent les
rendre plus chers encore.

De plus, le disque est un plaisir qui a bien des concurrents: le
cinéma, le théâtre, la lecture, la plage, les promenades en voiture, etc. Mais
la radio est son rival le plus important. Pourtant il n'y a que très peu
de stations de radio en France et il est donc extrêmement difficile pour
un disque de "percer", c'est à dire devenir populaire.

Un disque seulement sur vingt ou trente y arrive. Les autres sont
oubliés, et leurs interprètes n'ont plus qu'à partir en tournées dans les
cabarets pendant des années s'ils veulent se faire connaître du public.

On comprend alors pourquoi sur 11 000 nouveaux disques qui
sortent chaque année en France, plus de 10 000 feront perdre de
l'argent à leur producteur et seulement quelques vingtaines lui en
feront gagner. Les producteurs de disques ne sont pas contents que les
radios diffusent leurs chansons et qu'ils ne leur paient presque rien.
Mais les "gens de la radio", eux, sont persuadés que ce sont eux qui
font vendre les disques.

L'ennemi numéro un du disque, c'est la cassette. On sait que 88%
des cassettes vendues servent à enregistrer une production qui existe

déjà. Qui n'a jamais emprunté le disque d'un ami pour le recopier, ou enregistré de la musique pop à la radio ou un concert à la télé?

Chaque cassette vierge vendue correspond à deux ou trois disques qui ne seront pas achetés. C'est bien là l'avantage de la cassette: on efface tout et on recommence. Pour l'acheteur quelle économie! Voilà pourquoi les magnétophones à cassettes plaisent tant! Mais pour le producteur, les disques ne se vendent plus!

C'est surtout la production française qui est en danger, car les disques qui "marchent" le mieux sont les disques chantés en anglais. Même les Français chantent maintenant en anglais parce que ça se vend mieux.

On cherche des solutions, telles que, par exemple, inclure dans le prix des cassettes vierges une taxe spéciale qui irait aux artistes qui ont créé et enregistré la chanson. Une autre solution serait d'interrompre les programmes de musique diffusés à la radio par de la publicité ou par un commentaire du disque-jockey.

Voici une autre idée. Si, quand un disque passe à la radio on pouvait émettre en même temps un sifflement qui ne s'entende pas à l'écoute de la radio mais qui soit perceptible sur un enregistrement, on aurait la solution idéale. Malheureusement ce n'est qu'un rêve.

Non seulement les cassettes sont meilleur marché que les disques mais elles ont aussi l'avantage d'être plus durables; elles sont pratiques aussi: on les glisse dans la poche, on les écoute aisément sur de petits appareils— et surtout on peut les passer dans la voiture où la présence d'un électrophone serait impensable.

D'ailleurs ce ne sont pas seulement les jeunes amateurs de musique pop qui se passionnent pour les cassettes. Techniquement parlant elles ne sont plus inférieures aux disques. Maintenant même les fanatiques de la musique classique vont apprécier les cassettes quand ils réaliseront qu'ils peuvent écouter une symphonie entière sans avoir à quitter leur fauteuil pour tourner le disque. Et puis ils n' auront plus l'inconvénient de devoir essuyer le disque avec un chiffon spécial anti-statique pour éliminer la poussière; et leur plaisir ne sera pas diminué non plus par la mauvaise qualité d'un disque trop souvent écouté.

On comprend donc pourquoi les magnétophones à cassettes se font de plus en plus populaires.

Serait-ce déjà la fin de l'âge du disque?

QUESTIONS

1a. What crisis is the record industry going through, and what is one of the reasons for this crisis? 2

b. Give an example of how bad the situation is. 2

    c. Name three other industries which are in trouble.   3

2 What two comments are made in the second paragraph about the price of records?   2

3 Apart from the cinema and the theatre, what are the main pastimes which rival listening to records?   4

4a. Why is it difficult for a record to "break through" in France?   1

   b. How many records achieve this success?   1

   c. What action do the unsuccessful performers often take?   2

   d. Why do they do this?   1

5 How many records *a.* lose money?   1

                        b. make money for their producers each year?   1

6a. If you were a record producer why might you be angry with radio programmers and presenters?   2

   b. How might they answer your complaints?   1

7a. What percentage of cassettes sold is pre-recorded?   1

   b. Illustrate some of the uses to which blank cassettes are put.   3

8 Why is the cassette so economical?   2

9 What are French pop singers now being forced to do and why?   2

10 Who would benefit from the suggested tax on blank cassettes?   2

11a. The ideal way of foiling the user of the blank cassette is not yet technically possible. What would it be?   3

   b. What other solutions could be tried?   2

12a. In what ways are cassettes more practical than records?   3

   b. Name two other advantages which they have over records.   2

13a. Show that the cassette recorder is particularly practical for lovers of classical music.   5

   b. Would they have grounds for complaint about the quality of the sound?   1

14 On what gloomy note does the passage end?   1

                                                                            (50)

12　Le ski: une championne vous conseille sur tout
(Skiing: advice from a champion)

Read carefully the passage given below, then answer in *English* the questions which follow it.

La première chose à décider avant de partir est: où aller?

La station idéale se compose d'un petit village ancien avec une jolie église et des forêts autour, pour se promener après le ski. Les stations modernes sont en général au-dessus de 1 700 mètres, il y a de la neige plus longtemps, et les immeubles sont au bord des pistes. Il est nécessaire que les départs des remonte-pentes se trouvent près du centre de la station. Une longue marche skis sur l'épaule est un bon exercice pour se chauffer, mais les skieurs sont de plus en plus difficiles, même paresseux.

Nous avons mis dans notre station idéale des téléphériques qui vont vite et peuvent être utilisés par des non-skieurs; et des télé-skis qui présentent l'avantage qu'on n'a pas besoin d'enlever ses skis pour les utiliser et l'inconvénient qu'on y a froid.

La piste idéale dépend du skieur. C'est peut-être une petite piste pour apprendre ou bien une longue piste passant dans la forêt.

Le ski est un sport qui procure de grands plaisirs. Mais il suffit de peu de choses pour faire disparaître le plaisir: de mauvais skis, une chaussure qui fait mal aux pieds, une fixation qui s'ouvre au mauvais moment. Et encore pire, des vêtements mal adaptés. En conséquence, je ne conseille pas les vêtements type blue jeans-pullover. Le pantalon se mouille et peut même geler, ce qui est désagréable. Le vent traverse le pullover, la peau, et va jusqu'a l'os. Bref, ce que je préfère, c'est une combinaison de ski, avec de grosses fermetures éclair qui s'ouvrent sans m'obliger à ôter mes gants. J'aime les gants avec des doigts pour bien tenir mes bâtons, mais quand on commence, des moufles sont meilleures et tiennent plus chaud. Si vous achetez des gants, prenez-les grands pour que l'air circule à l'intérieur. Le cuir de gants de ski n'est pas complètement imperméable. Si vous les séchez sur un radiateur le cuir se détériorera très vite.

Accessoires indispensables: les lunettes protègent quand il fait beau contre le soleil dangereux en altitude, et quand il fait mauvais contre la neige qui rentre dans les yeux. En plus, on ne peut pas aller vite sans lunettes, parce que le froid et la vitesse font pleurer.

En faisant vos premiers pas sur la neige, faites attention, ça glisse! Avant de mettre vos skis, enlevez la neige sous vos chaussures. Cette neige peut empêcher votre fixation de sécurité de s'ouvrir. Donc, vous avez mis vos skis. Sur place, bougez vos skis un peu pour vous y habituer. Marchez un peu, faites des petits sauts, penchez-vous en avant et en arrière, tournez vos skis, etc.

Tout cela est plus facile avec des skis courts qu'avec des skis longs. De cette observation est née une nouvelle méthode: le ski évolutif. Je vois souvent des débutants paniqués par le fait que leurs longs skis glissent trop vite. En général ils abandonnent leur aventure en s'asseyant dans la neige, et les moins courageux renoncent à ce sport dangereux. Par contre, les pratiquants du ski évolutif n'ont jamais peur, parce que les petits skis vont très lentement.

Bref, je crois que le ski évolutif va faire revenir au ski beaucoup de personnes qui ont été découragées par des expériences malheureuses.

QUESTIONS

1 Describe the ideal skiing resort.   3

2 Name three advantages that a modern skiing resort has.   3

3a. What is the pleasant result of a long walk carrying skis?   1

  b. Why should ski-lifts nevertheless be situated near the centre of the resort?   2

4 What are the advantages of *téléphériques* (cable-cars)?   2

5 Name one advantage and one disadvantage of *télé-skis* (ski-tows).   2

6 Why is it difficult to construct an ideal ski-run?   1

7 What things can ruin your enjoyment of skiing?   4

8a. Why are jeans and pullovers not regarded as suitable clothes for skiing?   4

  b. What does the author prefer instead?   3

9 Explain the relative advantages of gloves and mitts.   3

10a. What advice are you given about buying gloves?   2

  b. What must you remember about the leather they are made of?   1

  c. What must you *not* do with them and why?   2

11 Why are glasses necessary?   4

12a. What are you recommended to do before putting on your skis?   2

  b. How should you set about getting used to your skis?   5

13a. **Explain the principle behind "*le ski évolutif*".**   1

  b. What very often happens to learners who don't use this method?   3

14 In conclusion, what does the author see as the main advantage of "*le ski évolutif*"?   2

(50)

Read carefully the passage given below, then answer in *English* the questions which follow it.

Les chiens sont le passe-temps national des Français. Ils occupent, dans leur vie, une place de plus en plus grande. Les statistiques confirment cette passion. Les Français possèdent de plus en plus de chiens: sept millions, sans compter les vagabonds, ou un pour sept habitants, contre un pour dix aux Etats-Unis et en Angleterre.

Pour certains, le chien remplace un enfant. Pour certaines, l'affection d'un mari. Quelquefois, il n'est qu'un jouet, un accessoire décoratif. Mais en général, il faut reconnaître que pour beaucoup le chien est un symbole. Le maître à travers son chien essaie de donner une image extérieure de lui-même. Par exemple il choisira un boxer, parce que c'est athlétique et c'est puissant.

Pourtant, si l'on connaît bien les boxers, on remarque qu'il s'agit de chiens mal défendus contre les maladies et qui ont une vie assez courte: une dizaine d'années. Mais le boxer donne une image de force, et c'est là la raison de son succès.

D'après l'un de nos meilleurs spécialistes de la vie animale la petite enfance de votre chien est fondamentale. Ce que tout maître, ou futur maître, d'un chien devrait savoir, c'est l'importance de la période qui se situe entre le 20e et le 90e jour après la naissance. S'il passe cette période isolé, enfermé, il sera par la suite incapable de s'adapter à une vie sociale normale.

Si, au contraire, il vit en compagnie d'autres animaux, et avec l'homme, il considérera ceux-ci comme faisant partie du même groupe social que lui-même.

Actuellement les spécialistes découvrent que les chiens peuvent avoir une influence bénéfique sur les enfants. Le Dr Michel Klein recommande le chien dès que l'enfant a deux ans. Il faut un gros chien doux auprès duquel l'enfant trouve refuge et consolation quand ses parents l'embêtent. De plus, l'attention qu'il faut porter au chien (le soigner, le nourrir, le sortir, le baigner) développera chez l'enfant le sens de la responsabilité (vers sept ou huit ans).

Pour les enfants timides l'animal est un compagnon parfait. Il oblige l'enfant à sortir de lui-même, lui communique une envie de caresser, de partager, d'aimer.

Le Dr Condoret, vétérinaire, déclare: Les chiens ont un sens remarquable des limites d'un enfant. Ils essaient de l'aider et s'adaptent automatiquement à ses besoins. Voici une histoire à ce sujet:

"J'ai connu une petite chienne très intelligente, qui vivait dans une famille où il y avait deux petites filles. L'une d'elles était sourde-muette. La chienne a reconnu l'infirmité de la fillette. Lorsque celle-ci était seule à la maison et qu'on sonnait à la porte, la chienne allait tirer sa petite maîtresse par sa jupe et l'entraînait vers la porte, pour lui faire comprendre qu'il fallait ouvrir. Elle ne le faisait jamais lorsqu'un autre membre de la famille était à la maison."

Le Dr Condoret n'est pas le premier à avoir remarqué ce qu'on nomme généralement le sixième sens des chiens. Un journaliste se souvient que son père, qui était officier de marine, avait un chien de berger de deux ans. Un jour, il dut déménager et laissa le chien à un ami pour deux semaines. Lorsqu'il vint le chercher, au bout de quinze jours, son ami lui dit :

"Je savais que vous alliez venir aujourd'hui : depuis ce matin, votre chien ne se tient pas tranquille !"

Mon père n'avait averti son ami ni par lettre, ni par téléphone, et le chien s'était comporté tout à fait normalement pendant ces deux semaines."

L'homme ne possède pas encore ce sixième sens, mais certains pensent que peut-être l'aura-t-il un jour, parce que la race humaine continue de changer. Alors peut-être bientôt n'aurons-nous plus besoin de boules de cristal pour connaître notre avenir....

QUESTIONS

1 In the first paragraph what statistics are given to show how popular dogs are in France?   3

2 Give four (rather selfish) reasons for owning a dog.   4

3 Why might the owner of a boxer be both pleased and disappointed?   5

4a. According to a specialist, what is the most important period in a dog's life?   2

  b. Illustrate the effects, for better and for worse, of this period on a dog's later development.   5

5 What type of dog is ideal for a two-year-old child and why?   3

6 In what ways does owning a dog benefit the seven or eight-year-old?   5

7 How does the timid child benefit from having a dog?   5

8a. Tell the story of the deaf-and-dumb girl.   7

  b. What is amazing about the dog's behaviour?   1

  c. What does this story illustrate?   2

9a. Summarize the story of the sheepdog.   4

  b. Explain why it seems to prove that dogs have a sixth sense.   2

14 *Comment acheter un bateau d'occasion*
   (How to buy a secondhand boat)

Read carefully the passage given below, then answer in *English* the
questions which follow it.

Chaque année 30 000 plaisanciers vendent leur bateau. Ce sont les
acheteurs qui font de bonnes affaires car les bateaux neufs se
déprécient vite même s'ils sont en bonne condition.

Acheter un bateau d'occasion est souvent la solution la plus
avantageuse lorsque l'on envisage l'achat de son premier bateau et
qu'on n'est pas encore très certain du type qu'on veut (et même
d'aimer vraiment la mer). Il faut savoir qu'un bateau neuf perd la
première année de vingt à trente pour cent de son prix. Et sur un
bateau neuf il n'y a pas tous les accessoires que l'on trouve
généralement sur une occasion et qui perdront aussi beaucoup de leur
valeur : matériels de cuisine, meubles, voiles, etc.

Il faut savoir aussi prendre son temps pour bien acheter. Réunissez
d'abord le maximum de documentation sur le type du bateau qui vous
intéresse. Ensuite essayez de savoir combien de propriétaires il a
connus et comment il a été utilisé.

Quand faire de bonnes affaires ? La meilleure période est celle qui
suit immédiatement les grandes vacances. Beaucoup de plaisanciers,
après avoir navigué un mois, décident de changer de modèle. C'est à
partir de ce moment qu'il faut se mettre à consulter les petites
annonces des revues spécialisées. Ce sera plus utile que d'aller au
Salon du bateau d'occasion, où ne sont offerts que des bateaux
importants ayant appartenu à quelque joueur qui a perdu une fortune
au casino.

Avant de se mettre à la recherche d'un bateau il faut se poser les
trois questions traditionnelles : quel genre de bateau me faut-il ?
Qu'est-ce que je veux en faire ? Quel est mon budget ? Ce n'est
qu'après avoir bien réfléchi et répondu à ces questions que l'on peut
commencer à chercher. D'abord auprès d'un constructeur si l'on est
fixé sur un modèle précis, ensuite chez les revendeurs, enfin dans les
journaux. Les clubs nautiques et les associations de propriétaires sont
aussi des sources possibles.

Voilier ou bateau à moteur? C'est évidemment une question de goût personnel. Disons qu'il est plus délicat d'acheter un bateau à moteur qu'un voilier. Si le moteur a été mal utilisé ou mal entretenu (cela arrive souvent) on s'expose à des réparations coûteuses. Tandis que sur un voilier il est aisé d'examiner les voiles. Quant au moteur auxiliaire, il est facile à tester et n'oblige, si c'est le cas, qu'à des dépenses limitées.

Bois ou plastique? Pour le véritable amoureux de la mer ce sera un bateau en bois mais à cause du prix de ces bateaux, on n'en trouve pratiquement plus de neufs à la vente. Ceux que l'on peut acheter d'occasion sont souvent des modèles anciens, toujours très beaux, mais malheureusement d'un âge respectable—ce qui rend la rénovation très chère.

Il est aussi très facile de tromper le client : dans 90 % des cas le candidat à l'achat d'un bateau d'occasion, à moteur surtout, est d'une ignorance qui encourage le vendeur à être malhonnête. Faites aussi attention aux bateaux repeints à neuf! Il est plus prudent de s'assurer les services d'un expert. La somme qu'il demande varie suivant la condition du bateau et la longueur de l'examen. Souvent l'expert vous conseillera de faire tirer le bateau à terre pour en examiner les parties normalement situées sous l'eau. De cette façon il pourra découvrir toute une foule de choses que le vendeur voulait cacher.

Il ne faut pas non plus se laisser impressionner par une foule de gadgets compliqués, rarement utilisés à plein potentiel: ils augmentent considérablement le prix d'un bateau.

Enfin il ne faut jamais acheter sans être sûr que la bonne occasion correspond bien à ce que l'on recherche et que l'on pourra faire face aux dépenses d'après-vente.

QUESTIONS

 1 Why does the seller not benefit when he sells a fairly new
    boat?   2
2a. At which type of buyer is the advice in the second
    paragraph directed?   3
 b. What accessories might he find included in the price?   3
 c. Would he have been better to have bought these
    separately? Explain your answer.   2
3a. What are you recommended to do once you know the type
    of boat you want?   1
 b. Why is it a good idea to know its history?   2
 4 When is the best time to look for a boat and for what reason? 2
5a. What sort of buyer would visit the Second-hand Boat
    Show?   1

15   *Une deuxième vie pour les jeunes drogués*
(A new life for young drug addicts)

Read carefully the passage given below, then answer in *English* the questions which follow it.

—Marianne T . . . a vingt-quatre ans. Droguée depuis l'âge de treize ans, elle a vendu des stupéfiants, a volé, et, il y a cinq ans à peine, c'était une marginale; aujourd'hui, bien mariée et mère d'un enfant de deux ans, elle travaille dans un bureau.

—Robert L . . ., qui s'est pendant huit ans piqué à l'héroïne, a connu trois fois la prison et fait cinq séjours dans des hôpitaux psychiatriques. A l'heure actuelle, instituteur pour petits handicapés, il n'a pas touché à la drogue depuis deux ans.

—Jeanne M . . . avait l'habitude d'ajouter à la fabuleuse ration de 10 litres de boissons alcoolisées qu'elle buvait quotidiennement tous les barbituriques et tranquillisants qui lui tombaient sous la main. Elle a même essayé de se suicider, mais on lui a donné une raison de vivre. Aujourd'hui, elle prépare un diplôme de psychologie.

Ainsi que des dizaines d'autres, ces trois jeunes gens doivent leur salut à Lucien Engelmajer, l'homme exceptionnel qui a fondé et dirige le Centre de désintoxication de La Boère. "Notre première tâche, explique Engelmajer, consiste à leur redonner confiance en eux-mêmes et à leur apprendre le respect des valeurs essentielles, c'est à dire l'autodiscipline, le goût du travail, l'amour et le sens des responsabilités."

C'est Lucien Engelmajer, ou "le Patriarche", qui m'a parlé pendant ma première visite à La Boère. Selon un jeune éducateur qui a fait plusieurs visites au centre, "c'est l'image idéale du père aimant mais sévère." Et à vrai dire, pendant la semaine que j'y ai passée, j'ai eu souvent l'occasion de le confirmer. Il a veillé le jeune Jérôme toute une nuit en lui tenant la main pour l'aider à traverser la période nécessaire pour éliminer l'action de la drogue; mais je l'ai vu aussi se mettre en colère contre Liliane, une nouvelle arrivée fort triste, et la traîner dans un champ pour l'obliger à travailler comme les autres. De même Thierry, un dur de 1, 80 m, a reçu un bon coup de poing et perdu une dent quand il a essayé de s'enfuir pour acheter de la drogue à Toulouse. "Il a bien fait," dit le jeune homme, "ce jour-là j'allais perdre toutes mes chances d'avoir une vie normale."

Le Patriarche est persuadé que l'activité créatrice est un élément important de la cure. Quelques garçons ont organisé un atelier de mécanique où ils réparent des voitures. Ils récupèrent aussi de vieilles motos dont ils utilisent les pièces pour en fabriquer de nouvelles.

Les responsables encouragent aussi les jeunes gens à se tourner vers le monde extérieur. Aussi peuvent-ils sortir régulièrement: pour aider les fermiers à faire les foins ou à cueillir les fruits, par exemple; ils sont alors payés en nature. Mais ceux qui, en ce moment, construisent le garage d'un voisin toucheront un salaire. Tout en contribuant à réintégrer les jeunes gens dans la société, ces activités permettent aux gens du dehors de mieux comprendre le problème de la drogue. Mais c'est dans le domaine de la prévention que les contacts sont le plus importants. Par groupes de 4 ou 5, les jeunes vont dans les écoles, les classes d'infirmières, les églises—bref, partout où on les invite— organiser des discussions qui, selon le directeur d'un lycée de la région, ont une influence extraordinaire sur les jeunes.

L'expérience de La Boère montre que 80% des jeunes qui y restent un minimum de deux mois abandonnent pour toujours les stupéfiants. Ces chiffres sont la meilleure preuve du succès total de La Boère.

QUESTIONS

1 Show how Marianne T.'s present life contrasts with her former life.   6

2a. What serious problems did Robert L. have?   3

b. What changed his life?   1

c. How does he earn his living?   1

3 Why is it surprising that Jeanne M. is still alive?   3

4a. Who is Lucien Engelmajer?   2

b. What does he regard as the main task at the La Boère centre?   5

5 "*C'est l'image idéale du père aimant mais sévère*" (line 23). Show how Engelmajer lives up to his image in his treatment of Jérôme and Liliane.   5

6a. What treatment did Thierry receive? Why?   4

b. What did Thierry himself have to say about the episode?   2

7 What examples of creative activities are mentioned?   4

8 What types of outdoor work do the young people at La Boère do, and in what ways are they paid?   5

9 How do these outdoor activities help

a. the inmates of La Boère?   1

b. the outside world?   1

10a. "*Par groupes de 4 ou 5, les jeunes vont dans les écoles, ...*" Where else do their visits take them?   3

b. How successful are their discussions? Justify your answer.   2

11 What are the figures which prove how successful La Boère has been?   2

               (50)

16   La France qui campe
     (*The French go camping*)

Read carefully the passage given below, then answer in *English* the questions which follow it.

Les Français intéressés par le camping sont de plus en plus nombreux en France. Voici le portrait d'un de ces campeurs:

Il passe onze mois de l'année à vivre à peu près agréablement. Il habite un appartement tout confort, dans une ville où se trouvent toutes sortes de facilités. Le seul jour un peu ennuyeux est le dimanche, pendant lequel il ne sait pas quoi faire et où les commerçants ferment leurs boutiques.

Pendant ses onze mois de vie confortable, le Français campeur pense avec tendresse au douzième, appelé "mois de vacances", qui est pour lui un mois de trente et un dimanches de suite...

Après un long voyage fatigant (parce qu'il est pris dans la grande migration des vacances), il arrive à un endroit qui était joli avant l'invention de la voiture, mais qui est devenu laid, parce qu'il a été transformé en un camping municipal ou privé, où l'herbe est écrasée, jaunie, quand il y a de l'herbe... Là, se dressent trois cents ou quatre cents tentes, avec des gens qui regardent les nouvelles à la télévision, qui écoutent la météo à la radio, qui s'empruntent des ouvre-boîtes et des tire-bouchons, qui s'invitent à prendre l'apéritif... Quelle joie le retour à la nature!

Le spectacle des terrains de camping montre bien que le Français n'est pas aussi individualiste qu'on le croit. Serré comme dans une boîte à sardines, il entend les bavardages et les disputes des voisins, il supporte leurs transistors. Il fait la queue aux douches pendant des heures, il lave la vaisselle à l'eau froide. Bref, il fait exactement les mêmes choses qu'eux.

Un autre point a été remarqué chez les campeurs: il y a plus de solidarité dans les villages de tentes qu'à la ville. En cas de panne de voiture: les voisins sont là pour vous aider. Quand une tente s'écroule sous la pluie, on trouve toujours une personne charitable pour vous prêter ne serait-ce qu'un imperméable! On ne trouve pas toujours quelqu'un qui vous aide à remonter la tente, car ce sont les vacances... il faut bien se reposer un peu...

Chaque jour des petits incidents inattendus viennent surprendre le campeur et lui permettent ainsi d'exprimer ses talents et son imagination. Un jour, c'est l'orage qui arrive et la pluie qui inonde tout; l'un installera son réchaud sur une caisse à oranges; un autre construira un petit barrage pour détourner l'eau de sa tente. Un autre jour, c'est le réchaud qui s'éteint car il n'y a plus de gaz; l'un ira ramasser du bois sec pour faire cuire son repas; un autre abandonnera son dîner à moitié cuit pour se rendre dans le premier restaurant qu'il trouvera; un troisième ira raconter son aventure à la voisine de tente et finira par se faire inviter "à la fortune du pot".

Contrairement à ce qu'on pourrait croire, la natation et la marche au grand air ne sont pas les sports les plus pratiqués. Neuf campeurs sur dix sont des amateurs de pétanque. Surprise: le baby-foot, oublié maintenant dans les cafés des villes, retrouve ici sa popularité. Par temps de pluie, ce sont les jeux de cartes qui restent "l'activité" numéro un.

Les villages de campeurs font même le bonheur de ceux qui ne sont pas en vacances: les marchands par exemple qui viennent en camionnette vendre des frites, des saucisses, ou des crêpes dans les terrains de camping.

La seule, l'unique peur du campeur: trouver la pancarte "complet" à l'entrée du terrain qu'il a choisi. Le problème se pose d'autant plus que seuls les camps où les occupants sont très nombreux attirent les fans de la tente et de la caravane. Un propriétaire a essayé de limiter les entrées sur son terrain: il a été ruiné après une semaine.

QUESTIONS

1a. Why is the French camper's life so pleasant for eleven months of the year?   2
  b. What occupies his thoughts during this time?   1
  c. What do you find contradictory about his attitudes to "Sundays"?   2
2a. Describe the spot he reaches after his long journey.   5
  b. Why is his journey particularly tiring?   1
3 What activities do the campers engage in?   5
4 *"Quelle joie le retour à la nature!"* Is the author being serious or sarcastic here?   1
5 What things might the camper find annoying or inconvenient on the site?   5
6a. Give two instances when you might expect help from other campers.   2
  b. How far does the helpfulness extend when you are dealing with your tent?   2
  c. Why is it so limited?   1
7 How do some campers demonstrate their inventiveness when the site is flooded?   3
8a. How do others solve their cooking problems?   6
  b. What caused these cooking problems?   1
9a. Which sports are not as popular as might have been supposed?   2
  b. What might surprise you about table football?   2
  c. Which other two activities are extremely popular?   2
10 Who must find camp sites especially profitable?   3
11a. What is the camper's only fear?   1
  b. Which camp sites particularly attract campers and caravanners?   1
  c. How did one camp-site owner try to solve his problem and with what result?   2

(50)

Read carefully the passage given below, then answer in *English* the questions which follow it.

Voici une expérience simple que vous pourrez réaliser la prochaine fois que vous verrez un petit enfant se cogner contre un coin de table: commencez par lui dire que ce n'est rien, que cela va passer, qu'il est bien trop grand pour pleurer. L'enfant redoublera ses pleurs. Dites-lui ensuite: "Tu t'es cogné contre la table et cela doit te faire très mal." Vous remarquerez avec surprise qu'il cessera immédiatement de pleurer.

La même expérience peut être réalisée avec une grande personne, par exemple un de vos collègues de bureau. Vous verrez bien vite que "Ce n'est rien", "Cela va passer" provoqueront une réaction agressive alors qu'une simple description de l'incident faite avec sympathie le calmera. Il est vrai que si la victime est adulte, vous choisirez probablement la seconde méthode. Pourquoi ne pas faire de même pour un enfant?

Trop de parents élèvent leurs enfants de la façon dont eux-mêmes l'ont été, et leurs parents avant eux, comme si la psychologie n'avait pas progressé depuis le XIXe siècle. Pourquoi emploient-ils ces méthodes? Sans doute parce que personne ne leur en a proposé d'autres. Et parce que ceux qui ont abandonné la méthode ancienne sans la remplacer ont eu aussi des ennuis. Les enfants élevés de façon trop permissive sont égoïstes, mal adaptés à la société, n'écoutent pas leurs parents.

Il est donc très important d'encourager la communication entre parents et enfants, non seulement en parlant avec eux, mais aussi en les écoutant attentivement. Par exemple, un enfant de huit ans avait énormément de difficulté à s'endormir. Après avoir essayé de le persuader logiquement de la nécessité du sommeil, après l'avoir menacé, la mère finit par l'écouter avec attention. Elle découvre qu'un camarade de classe a convaincu l'enfant qu'on pouvait mourir dans son sommeil si on ne respirait pas par le nez. Il est souvent enrhumé et, depuis des années, a peur de s'asphyxier et de ne pas se réveiller!

Ou bien une mère, épuisée après une longue journée de travail, désire se reposer un peu dans un fauteuil en lisant Marie Claire. Mais son enfant de cinq ans insiste pour qu'elle joue avec lui. Il la tire par la manche, grimpe sur ses genoux, essaie d'arracher son magazine. Voici quelques réactions typiques de la mère: "Va jouer ailleurs". "Arrête de déchirer le magazine". "Je vais me fâcher si tu ne cesses pas immédiatement". "Ce n'est pas gentil d'interrompre quelqu'un qui lit". "Pourquoi est-ce que tu ne regarderais pas la télévision?"

De telles difficultés avec les petits enfants peuvent être évitées par des modifications simples de l'environnement. Un enfant doit posséder beaucoup de jouets et du matériel pour peindre, dessiner, construire, etc... Les enfants ont besoin de faire des choses variées, intéressantes et nouvelles, comme les adultes.

Parents, pourquoi ne pas être plus attentifs aux besoins de votre enfant? Pourquoi ne pas prévoir ses problèmes et les résoudre à l'avance? Voici quelques conseils pratiques qui pourraient aider un enfant plus grand:

Achetez-lui son propre réveil.

Procurez-lui une clé de l'appartement qu'il pourra porter autour du cou.

Parlez-lui à l'avance de l'alcool, du tabac, des drogues.

Donnez-lui votre numéro de téléphone et pensez à toujours lui donner un franc pour téléphoner.

Apprenez-lui à écouter la météo le matin pour décider lui-même de la meilleure façon de s'habiller.

Apprenez-lui à noter les messages au téléphone.

Faites-le participer aux discussions de famille le concernant.

C'est en respectant les goûts et les besoins de vos enfants que vous leur donnerez les meilleures chances de réussir dans la vie.

QUESTIONS

1a. In the suggested experiment, what are the first three things you should say to the child?   3

  b. What does the author suggest that you say next?   2

  c. What effects will these suggestions have on the child?   2

  d. What effects would similar comments have on an adult?   2

2a. What are too many parents criticised for doing?   3

  b. Why do they still use these methods?   4

3 How do children react if they are brought up permissively?   3

4a. What problem did the mother of the eight-year-old child have?   1

  b. In what two unsuccessful ways did she try to solve it?   2

  c. What exactly was at the root of her child's problem?   5

5a. In the next example why might the mother wish to be left alone?   2

  b. In what ways might her child annoy her?   3

  c. What typical things might the child be told to do?   5

6 What examples of interesting things to do are given for the younger child?   3

7a. How might an older child be given help with telephoning, both at home and away from home?   3

  b. How might the parent deal with a child who had trouble getting up in the morning?   1

  c. How can the parent make sure the child doesn't get locked out?   2

  d. Why should the child be encouraged to listen to the radio in the morning?   2

8 What do you think will be the effect of these measures on the child?   1

9 What do you think is the author's main message to parents in this passage?   1

(50)

18   *Le plus joli flic de France*
(France's prettiest "cop")

Read carefully the passage given below, then answer in *English* the questions which follow it.

Danièle Thierry est le plus joli flic de France. Elle vient de réussir brillamment l'examen de commissaire de police. Dans la famille de Danièle, on n'est pas surpris par son succès et sa nouvelle place parmi les meilleurs policiers. Etre "flic", chez les Thierry, c'est une sorte de vocation familiale: son père et son frère sont déjà de la police. Pourtant, au départ, elle ne semblait pas particulièrement attirée par la vie policière. Après son baccalauréat, Danièle avait soigné des enfants retardés. Puis elle s'était mariée et avait eu un enfant. Elle s'arrêtait donc de travailler pour s'occuper de son bébé. Mais elle s'ennuyait.

C'est alors que son père lui montra, dans un journal, une annonce de recrutement dans la police. Danièle décidait alors d'étudier pour passer l'examen d'entrée pendant que sa mère gardait son fils. Et c'est ainsi que Danièle fit son entrée dans la police.

Mais au début son travail était monotone et ne lui donnait pas de satisfaction. "C'était un peu trop tranquille à mon goût, se souvient Madame le Commissaire. Je suis restée six mois à ce poste; et puis j'en ai parlé à mes chefs. On m'a alors envoyée à la brigade des stupéfiants de Lyon".

Quand ses collègues mâles la voient arriver, ils rient un peu. Pour eux, un "flic" de cent soixante centimètres et 51 kilos, ce n'est pas sérieux! Ils ne peuvent pas l'imaginer en train d'arrêter des gangsters dangereux et deux fois plus lourds qu'elle. Danièle Thierry, dans son blue-jean, plus pratique qu'une jupe pour courir, sauter, combattre, reste indifférente aux moqueries masculines. Elle joint un groupe qui recherche les trafiquants de drogue et surveille les drogués; elle apprend à connaître les habitudes des criminels, et étudie leurs visages sur les photos des dossiers.

En 1973, l'Inspecteur Principal Danièle Thierry devient "chef" de la brigade des stupéfiants de Lyon: elle a trois hommes qui travaillent sous ses ordres. Ses collègues ne rient plus d'elle. Son revolver dans son sac à main, le "flic de poche" comme l'ont surnommée les gangsters lyonnais, vérifie les cartes d'identité et interroge des centaines de personnes nuit et jour, toujours poliment. "Au début, mes collègues pensaient que j'en aurais vite assez et qu'au bout d'un certain temps je demanderais à retourner derrière ma machine à écrire. Et puis, peu à peu, ils m'ont acceptée."

Quant aux gangsters, la présence d'une femme les mettaient mal à l'aise. Un homme arrêté hésite à être violent avec "une jeune inspecteur", ce qui est un peu surprenant. "Cela n'est jamais arrivé. Chaque fois que j'ai arrêté un voleur, il m'a suivie et je suis toujours rentrée saine et sauve de mes missions.

"J'ai toujours peur avant une opération, car on ne sait jamais comment les choses vont tourner. Mais dès que je me trouve dans le feu de l'action, j'oublie ma peur et je ne pense plus qu'à réussir".

Pour préparer et réussir son concours de commissaire de police, Danièle a dû recommencer à étudier le soir, après ses heures de service, les weekends et les jours de congé. Ça n'était pas facile.

Maintenant, en plus de son métier, Danièle Thierry s'occupe de sa maison, elle cuisine à la perfection, reçoit des amis, fait son ménage et bien sûr s'occupe de son fils. Chaque samedi elle court les supermarchés afin de remplir son réfrigérateur pour la semaine, car son salaire ne lui permet pas de s'offrir une employée de maison. Quelquefois aussi Madame le Commissaire se rend chez son coiffeur. Elle n'aime pas ça du tout, car elle perd beaucoup de temps. Mais elle se trouve plus jolie en blonde qu'en brune!

QUESTIONS

1a.	What success has Danièle just achieved?	2
b.	Explain her family's reaction to this success.	2
c.	What is perhaps surprising about her success?	1
2a.	What work had she done after her final school examination?	1
b.	Why had she given it up?	1
3a.	What had stimulated her interest in the police force?	2

b. How had she set about achieving her ambition? 2

c. Explain what happened six months later. 4

4a. How did her male colleagues in Lyon react to her and why? 4

b. What effect did this have on her? 1

5 Why did Danièle prefer jeans to a skirt? 3

6 How did she spend much of her time in Lyon before 1973? 4

7a. How did her new colleagues expect her to react to her new job? 2

b. What duties did she find herself doing? 2

8a. What effect did her presence have on gangsters? 1

b. What is remarkable about her record of making arrests? 2

9a. Why is Danièle always afraid before going into action? 1

b. How is her fear overcome? 2

10 When did Danièle find time to study for her promotion? 3

11 What occupations, apart from her job, does Danièle now devote her time to? 4

12a. What does she do on Saturdays? 2

b. Why does she do this herself? 1

13 Explain why Danièle has mixed feelings about going to the hairdresser's. 3

(50)

19 Un masque, des palmes et un tuba
(The pleasures of snorkelling)

Read carefully the passage given below, then answer in *English* the questions which follow it.

Lorsque j'avais dix ans j'eus la chance d'aller explorer sous l'eau pour la première fois. Equipé d'une paire de lunettes et d'un tuyau, je partis, par une belle journée d'été, pour l'un des plus merveilleux voyages de mon enfance.

Vingt-sept ans plus tard, je suis toujours émerveillé par le monde sous-marin. Seulement, j'ai remplacé mon équipement primitif par un masque en verre, un tuba pour respirer et des palmes en caoutchouc pour me déplacer plus facilement dans l'eau. Avec ce matériel il ne faut pas en effet plus de vingt minutes d'entraînement, en piscine, pour connaître l'art du tuba. N'importe quel maître-nageur se fera un plaisir de vous l'apprendre. Il suffit de vous allonger sur l'eau en regardant en bas et de respirer par la bouche en serrant entre vos dents l'extrémité du tuba.

Si on sait nager, on peut utiliser un tuba. L'été dernier, j'ai rencontré un vieux couple en vacances, dont la femme n'avait jamais voulu apprendre à nager. Lorsque je lui eus prêté mon masque pour regarder un groupe de poissons que la marée avait retenus prisonniers, elle fut si enchantée qu'elle passa le reste de ses vacances à apprendre la natation et la technique du tuba. "Ma femme, m'a dit son mari, ne parle plus que de poissons étranges, d'anémones de mer et de la joie de plonger."

L'amateur averti pourra s'accompagner, dans ses randonnées au tuba, d'une caméra ou d'un appareil-photo sous-marin. Les côtes françaises, baignées par quatre mers, abritent plusieurs centaines d'espèces de poissons, des milliers de plantes aquatiques, et une multitude d'animaux divers comme le corail et les étoiles de mer.

Comme photographe vous serez surpris de trouver que les habitants de la mer ne montreront aucune hostilité envers vous. Certains poissons se montrent même familiers jusqu'à venir vous regarder à quelques centimètres de votre masque. En fait—surtout si vous nagez en eau peu profonde—ils vous escortent pour attraper la nourriture qui apparaît sous le mouvement de vos palmes. Quant aux poissons dits dangereux, tels le congre, ils ne vous attaqueront jamais si vous ne les menacez pas.

Vous serez surpris des merveilles qui vous attendent derrière chaque rocher: des poissons scintillants; une pieuvre agitant ses tentacules qui vous regarde passer; accrochée à un rocher ensoleillé, une langouste que, contrairement à l'habitude, vous regardez déjeuner!

Complétant enfin l'équipement nécessaire: un poignard sous-marin. Il ne s'agit pas de vous défendre contre des monstres marins ou d'attaquer les poissons, mais de pouvoir vous libérer si vous vous prenez les pieds dans un filet abandonné par exemple. Chaque année, des nageurs périssent ainsi, noyés. Choisissez un poignard inoxydable qui s'attache à la jambe.

Ensuite vous pouvez acheter de nombreux accessoires plus ou moins utiles. Pour ramasser des pierres et des coquillages une paire de gants vous sera nécessaire. De même, si vous portez des bottines de plongée, vous n'aurez pas de coupures aux pieds. Pour vous protéger du froid, vous pourrez mettre une combinaison en caoutchouc.

Mais quelles que soient l'importance de votre matériel ou votre ambition, observez cette règle élémentaire: ne plongez pas seul. Plongez avec un ami ou, mieux encore, avec votre femme, et décidez de ne jamais vous perdre de vue.

Et maintenant, lancez-vous à la conquête des merveilles qui vous attendent sous la surface des eaux. En France, on n'a que l'embarras du choix!

1a. How old is the author?   I

  b. What did he think of his first experience of underwater exploration?   I

  c. What was the "primitive equipment" that he used?   2

2a. Of what does training in snorkelling consist?   4

  b. Who would provide this training?   I

3a. Describe the events leading up to the old woman's conversion to the pleasures of snorkelling.   3

  b. What was remarkable about this conversion?   I

  c. How do you know that she was enthusiastic about her new hobby?   4

  d. What lesson does this story illustrate?   I

4a. What might the experienced enthusiast add to his basic equipment?   I

  b. Why would he find this item particularly useful?   5

5a. Describe and explain the attitudes of most fish to the photographer.   6

  b. Why should he not be too afraid of the conger eel?   2

6 What other marvels lie in wait for the underwater swimmer?   4

7a. Why is a knife recommended as part of the snorkeller's equipment?   3

  b. What is he *not* expected to use it for?   2

  c. What advice is given about choosing a knife?   2

8 Why might a snorkeller wear *a.* gloves?   2

                        b. boots?   I

                        c. a wet–suit?   I

9 What basic rules should the diver observe?   3

                                                             (50)

20   *Moi, j'aime la voiture!*
       (I love my car!)

Read carefully the passage given below, then answer in *English* the questions which follow it.

J'ai dans ma vie une petite auto que j'aime bien. Il est bien difficile de parler de cette amie, à l'heure où on essaie par tous les moyens de vous décourager de rouler: une montée des prix (22,5% en deux ans);

l'essence à 3,60 F; la vignette qui augmente; le crédit qui sera plus cher: tout cela invite à reprendre la bicyclette ou la marche à pied.

Non seulement j'aime ma voiture, mais j'en ai aussi besoin pour aller travailler. On me dira: "Et les transports en commun?" Mais l'autobus qui n'arrive pas, ou bien arrive plein, et prend seulement "Deux personnes, deux!" alors que précisément vous êtes la troisième, n'y a-t-il pas là de quoi vous mettre en colère? Le taxi: un luxe raisonnable en comparaison de l'entretien d'une voiture? Oui, mais aller en trouver un à six heures du soir ou par temps de pluie...Vous avez plus vite fait de prendre le métro. Ah, les charmes du métro aux heures de pointe!

La voiture est une marque d'indépendance. Elle est indispensable, malgré les dépenses qu'elle impose, malgré l'exaspération qu'il y a à être bloqué dans un embouteillage, malgré les prix des garagistes.

Un luxe, ma voiture? Trouvez-moi donc un moyen plus économique de se déplacer en famille. Ma petite auto, c'est l'endroit où j'empile les enfants et les amis. Les provisions aussi, car sans elle, pas de supermarché. Elle fait ce que je veux. Je suis en retard? Elle accélère. En avance? Elle ralentit.

On est tellement tranquille tout seul dans son auto! C'est le moment privilégié entre la maison et le bureau. C'est le seul moment où je n'ai pas mauvaise conscience de ne rien faire. Pas besoin de se justifier. On parle tout haut, on chante à tue-tête avec la radio sans que cela étonne les piétons et les automobilistes. En voiture, je me sens gaie comme une touriste: à moi la place de la Concorde le soir, à moi les rives de la Seine et Notre-Dame quand le jour se lève.

N'allez pas voir en moi une passionnée de vitesse, de mécanique, ou de lavage. Quand je tombe en panne (hélas! cela arrive), je me dis que j'aurais dû en apprendre les rudiments, et je referme le capot en trouvant ça bien sale et compliqué. Je ne demande à ma petite auto rien d'autre que de rouler.

J'entends déjà l'argumentation des adversaires de l'automobile: en roulant, me disent-ils...

—Vous menacez la vie des autres: il y a plus de 13 000 morts par an.

—Vous polluez: les voitures détruisent la beauté des villes par les fumées, le bruit et les vieilles carcasses abandonnées.

—Vous aggravez la crise de l'énergie.

Il y a quand même des points encourageants pour les automobiles. La ceinture de sécurité obligatoire rend les routes moins mortelles. Les voitures consomment moins d'essence que par le passé, puisque les conducteurs ont de meilleures habitudes (ils roulent moins vite, ils sont plus prudents) et également de meilleures voitures. L'automobile rapporte aussi des sommes énormes à l'Etat qui la taxe lourdement.

N'oublions pas enfin que les transports en commun (les études les plus récentes le prouvent) ne peuvent entièrement remplacer la voiture individuelle. Déjà très coûteux dans le centre des grandes agglomérations, ils sont encore plus chers dans les petites villes et à la banlieue des grandes villes.

QUESTIONS

1 In the first paragraph which factors are listed which might discourage the motorist?   4

2 What does the author not like about *a.* public transport?   4

                                       b. taxis?   2

                                       c. the métro?   1

3 "*La voiture est une marque d'indépendance.*" What price does she have to pay for this independence?   3

4 Why does she not regard her car as a mere luxury?   7

5a. How does she spend her time when she is alone in her car?   3

  b. Why is the car a good place for these activities?   2

6 "*Je me sens gaie comme une touriste.*" What sights can she share with the tourists, and at what times?   3

7a. What three aspects of car-owning is she *not* interested in?   3

  b. How does she react when her car breaks down?   3

  c. What demands does she make of her car?   1

8a. What is the first argument that opponents of the motor car bring to bear against her?   2

  b. In what ways does the motor car pollute the environment?   3

9 What can drivers say in their own defence?   5

10 Why is public transport not the complete answer to the problem of the motor car?   4

                                                         (50)

Written Dialogues

Five sample situations

Look at the following situations:

I

You are on the phone to your pen-pal asking him about his plans for the holidays. You find out he's going on holiday without his parents. Here are your questions:

1 Où comptes-tu aller en vacances cette année?
2 Est-ce que tu y vas en famille?
3 Ah, bon! Que pensent tes parents de cela?
4 Que feront-ils pendant ton absence?
5 Quand partiras-tu?

Let us examine this situation question by question and decide on possible answers.

1 Où comptes-tu aller en vacances cette année?

> Je compte aller à Paris.
> en Suisse (Allemagne, Grande-Bretagne).
> à la campagne.
> au bord de la mer.
> chez mes amis.

The only real difficulty is to decide which preposition to use. If you are unsure of the spelling of a place or country or its preposition, then use the alternative you are sure of.

2 Est-ce que tu y vas en famille?

You see from the introduction that your pen-pal is going off on holiday alone. You decide which of the following is the simpler answer:

> Non, j'y vais seul.
> Non, j'y vais sans ma famille.

3 Ah, bon! Que pensent tes parents de cela?

It might be safest to use the verb in the question to introduce your answer.

> Ils pensent que c'est très bien.
> Ils pensent que c'est une très bonne idée.

Alternatively you might prefer to avoid the problem of inserting the 'que' in French, and choose one of the following:

Ils sont contents pour moi.
Ils aiment l'idée.
Ils n'aiment pas l'idée.
Ils n'aiment pas ça.

4 Que feront-ils pendant ton absence?

You could choose from (verb in the future):

Ils partiront en vacances, eux aussi.
Ils resteront à la maison.
Ils resteront chez eux.   or even
Ils ne feront rien.

5 Quand partiras-tu?

You would select any plausible time during the holidays. These are probably, though not necessarily, the summer holidays. So you might say:

Je partirai la première semaine d'août.

Or you might write any date you are confident of being able to spell correctly:

Je partirai le six juillet.

So your answers to situation 1 might read like this:

1 Je compte aller à Paris.
2 Non, j'y vais seul.
3 Ils aiment l'idée.
4 Ils resteront chez eux.
5 Je partirai le six juillet.

2

You have lost your purse at the supermarket. You go to see the manager. Here are his questions.

1 Qu' y a-t-il pour votre service, monsieur?
2 A quels rayons avez-vous été?
3 Quand avez-vous vu votre porte-monnaie pour la dernière fois?
4 En faisant vos courses, qui avez-vous rencontré?
5 Où peut-on vous contacter demain?

1 Qu'y a-t-il pour votre service, monsieur?

Since you have lost your purse the obvious thing to say would be either:
> J'ai perdu mon porte-monnaie ici, monsieur.
>> au supermarché, monsieur.
>
> Je ne trouve plus mon porte-monnaie, monsieur.

2 A quels rayons avez-vous été?

"Rayons". Note the plural. You will need to choose at least two departments from the many in a supermarket.
> J'ai été au rayon des disques (des livres, des vêtements, des fromages) et à la bonneterie.

3 Quand avez-vous vu votre porte-monnaie pour la dernière fois?

You have a very large choice. For example:
> J'ai vu mon porte-monnaie il y a 5 minutes (une heure, etc.).
> Je l'ai vu il y a quelques minutes.

Or, if you looked at your watch just before losing your purse:
> Je l'ai vu à deux heures dix (etc.).

4 En faisant vos courses, qui avez-vous rencontré?

Choose from:
> J'ai rencontré un(e) ami(e)/un(e) voisin(e).
> J'ai rencontré des amis.

Or (if your negatives are up to it!):
> Je n'ai rencontré personne.

5 Où peut-on vous contacter demain?

> On peut me contacter chez moi.
>> à mon hôtel.
>> au 15, rue de la Paix, etc.

Your five answers to situation 2 might be as follows:
> *1* J'ai perdu mon porte-monnaie, monsieur.
> *2* J'ai été au rayon des disques et à la bonneterie.
> *3* Je l'ai vu il y a 5 minutes.
> *4* Je n'ai rencontré personne.
> *5* On peut me contacter au 15, rue de la Paix.

Supplying questions for given answers is a bit trickier. However, if you ever go abroad a large part of your time will be spent asking questions, rather than supplying answers. Study the answers provided in the situation below.

3

You are going to France and passing through the French customs. The photo on your passport is not very good. Here are the answers you give to the passport control officer. What are his questions?

1 On l'a prise il y a deux ans, monsieur.
2 Parce que je voudrais voir votre pays.
3 Je vais passer quinze jours.
4 Je l'étudie depuis quatre ans.
5 Non. Je n'ai rien acheté sur le bateau.

Let us now try to construct the questions.

1 On l'a prise il y a deux ans, monsieur.

Since you are dealing with a photo, the "l'" probably refers to this. The form "prise" should tell you that "photo(graphie)" is feminine. Therefore your question will probably be:
  Quand a-t-on pris cette photo?

2 Parce que je voudrais voir votre pays.

"Parce que" obviously suggests a question beginning with "Pourquoi . . . ?" Select from:
  Pourquoi allez-vous en France?
  Pourquoi venez-vous en France?
  Pourquoi voyagez-vous en France?

3 Je vais passer quinze jours.

This answers the question: "How long are you going to spend here (in France)?"
  Combien de temps allez-vous passer ici?
  Combien de temps allez-vous passer en France?

4 Je l'étudie depuis quatre ans.

"I have been studying it for four years." Studying what? French, obviously. Take care with the tense after "depuis". It will be the same as in the statement provided (the *present* tense). Take care, too, with "français".

> Depuis quand étudiez-vous le français?
> Depuis combien de temps étudiez-vous le français?

5 Non. Je n'ai rien acheté sur le bateau.

In your answer, you are replying 'no', and are using 'ne...rien'. The opposite of 'ne...rien' is 'quelque chose'. So the question is:

> Avez-vous acheté quelque chose sur le bateau?

So your five questions in situation 3 could be:

> *1* Quand a-t-on pris cette photo?
> *2* Pourquoi allez-vous en France?
> *3* Combien de temps allez-vous passer ici?
> *4* Depuis quand étudiez-vous le français?
> *5* Avez-vous acheté quelque chose sur le bateau?

4

You have been on a visit to Switzerland and are returning to France. A Swiss customs official questions you. Here are your answers. What are his questions?

1 J'ai seulement un sac-à-dos, monsieur.
2 Non, je n'ai rien à déclarer.
3 Bien sûr, je l'ouvrirai.
4 La montre? Non, je l'ai achetée en Ecosse.
5 Je pense que c'est un très beau pays, monsieur.

1 J'ai seulement un sac-à-dos, monsieur.

The likeliest questions are:

> Qu' est-ce que vous avez comme bagages, monsieur?
> Qu' avez-vous comme bagages?
> Combien de bagages avez-vous?

2 Non, je n'ai rien à déclarer.

This is obviously the answer to the time-honoured question:

> Avez-vous quelque chose à déclarer?

3 Bien sûr, je l'ouvrirai.

A harder one, this. "Of course, I'll open it." The rucksack, of course. The question would go something like this:
>Voulez-vous ouvrir votre sac-à-dos, s'il vous plaît?

4 La montre? Non, je l'ai achetée en Ecosse.

Since Swiss watches are popular with tourists you are being asked if you bought your watch in Switzerland. Choose from:
>Avez-vous acheté votre montre en Suisse?
>Cette montre, vous l'avez achetée en Suisse?

Take care with the spelling of "acheté(e)".

5 Je pense que c'est un très beau pays, monsieur.

The official has been asking you your opinion of Switzerland.
>Que pensez-vous de la Suisse?
>Qu'est-ce que vous pensez de notre pays?
>Comment trouvez-vous la Suisse?

Your final questions in situation 4 would be something like this:
>*1* Qu' est-ce que vous avez comme bagages, monsieur:
>*2* Avez-vous quelque chose à déclarer?
>*3* Voulez-vous ouvrir votre sac-à-dos, s'il vous plaît?
>*4* Avez-vous acheté votre montre en Suisse?
>*5* Que pensez-vous de la Suisse?

Finally, look at this situation:

>5
>You are spending the summer in France. To make even more rapid progress at your French you decide to enrol for a French language course at the local college. Here are your answers. What are the questions you are asked?
>
>*1* J'apprends le français depuis 4 ans.
>*2* Deux soirs par semaine, si c'est possible.
>*3* C'est ma logeuse qui m'a donné votre adresse.
>*4* Si. J'ai utilisé un laboratoire de langues à l'école.
>*5* Parce que je veux améliorer mon français.

Let us examine this situation answer by answer and decide on possible questions.

1 J'apprends le français depuis 4 ans.

Our old friend 'depuis' again.
For your question choose from (as in the first situation):

Depuis combien de temps étudiez-vous le français?
Depuis quand étudiez-vous le français?

2 Deux soirs par semaine, si c'est possible.

There is quite a range of possibilities here:

$$\left.\begin{matrix}\text{pourrez-vous}\\\text{Combien de soirs par semaine pouvez-vous}\\\text{pourriez-vous}\end{matrix}\right\} \text{venir?}$$

$$\left.\begin{matrix}\text{voudriez-vous}\\\text{Combien de soirs par semaine voulez-vous}\\\text{préférez-vous}\end{matrix}\right\} \text{étudier le français?}$$

3 C'est ma logeuse qui m'a donné votre adresse.

This question is reasonably straightforward.

Qui vous a donné notre adresse?
Où avez-vous eu notre adresse?
Comment avez-vous eu (trouvé) notre adresse?

4 Si. J'ai utilisé un laboratoire de langues à l'ecole.

Be careful here! "Si" shows you that the question is in the *negative*.

N'avez-vous jamais utilisé un laboratoire de langues?

5 Parce que je veux améliorer mon français.

"Parce que" again indicates a "Pourquoi...?" question. The simplest is probably:

Pourquoi venez-vous ici?

Others are:

Pourquoi voulez-vous suivre nos cours?
étudier le français?

So your answers to situation 5 might read like this:

1 Depuis quand étudiez-vous le français?
2 Combien de soirs par semaine pourrez-vous venir?
3 Qui vous a donné notre adresse?
4 N'avez-vous jamais utilisé un laboratoire de langues?
5 Pourquoi venez-vous ici?

By now you should have a fairly good idea of how to set about completing dialogues—whether it be supplying the questions or providing the answers. Make sure you know how to recognize, and to use, questions beginning with the introductory words: *Où? Quand? Depuis quand? Jusqu'à quand? A quelle heure? Pourquoi? Comment? Qui? Que? Qu'est-ce qui? Qu'est-ce que? Combien? Depuis combien de temps? Quel(s) : Quelle(s)?*

In addition you will have to be able to ask straightforward questions positively and negatively, and to answer them positively and negatively.

Make sure you read extremely carefully the question or statement you are given. Don't attempt to write anything until you are sure you have understood its meaning. Take care to use the correct tense and not to miscopy any words that you wish to take from the original information. Your answers should be in short, simple, relevant sentences. Good luck with the problems ahead!

1 Telephoning your pen-pal

You are arranging to meet your pen-pal when he arrives at the airport.
Here are his questions. Give your answers.

1 Tu pourras venir me prendre à l'aéroport?
2 Où me retrouveras-tu exactement?
3 Comment vais-je te reconnaître?
4 Et si l'avion arrive en retard?
5 Que veux-tu que je t'achète?

* * *

This time your pen-pal will be meeting you at his local railway station.
Answer his questions.

1 Quelle est la date de ton arrivée?
2 Pourquoi ne prends-tu pas l'avion? C'est plus rapide!
3 A quelle heure comptes-tu arriver?
4 Comment vais-je te reconnaître? J'ai perdu ta photo!
5 Et si on ne se voit pas à la gare?

* * *

This time you are confirming arrangements with your pen-pal for his
visit to you. Here are his answers. What are your questions?

1 Le trois juillet? Oui, c'est exact.
2 Non, en avion. C'est plus rapide.
3 Je crois qu'il arrive à huit heures du soir.
4 Non, je n'ai jamais pris l'avion.
5 Si, j'ai un peu peur!

2　*Meeting and saying goodbye to your pen-pal*

You see your pen-pal waiting for you on the station platform. You go up and speak to him. What are his answers?

1 Bonjour, Pierre. Tu ne reconnais pas ton ami?
2 Tu m'attends depuis longtemps?
3 Comment as-tu su à quel quai j'arriverais?
4 Tu habites à quelle distance d'ici?
5 Ah, ton père n'est pas là. Pourquoi?

* * *

This time it's your pen-pal who is asking you about your journey.

1 Tu es en retard. Qu'est-ce qui s'est passé?
2 Quand es-tu parti?
3 Qu'as-tu fait pendant le voyage?
4 Pourquoi as-tu tant de bagages?
5 Voici la barrière. Qu'as-tu fait de ton billet?

* * *

You are now on the platform saying goodbye to your pen-pal after spending your holidays with him in France.
Here are your answers. What are his questions?

1 Oui, je me suis très bien amusé. Merci.
2 Je me sens un peu triste.
3 Mon passeport? Non. Il est dans ma poche.
4 Je lui ai acheté une cravate.
5 Je vous téléphonerai ce week-end.

3 At the "Syndicat d'initiative"

You arrive in a French town. The hotels that you try are full. On coming out of your fifth hotel you see a tourist office opposite. You can afford a two-star hotel only. Here are the receptionist's questions.

1 Bonjour, monsieur. Qu'est-ce que je peux faire pour votre service?
2 Un hôtel? Où vous êtes-vous déjà adressé?
3 Vous voulez un "quatre étoiles"?
4 Alors, que pensez-vous de l'Hôtel Miramar, à deux étoiles?
5 Puis-je téléphoner pour vous?

* * *

This time you arrive with your family in a small French town. You ask if there are any two-star hotels. Here are the replies you receive.

1 Oui, il y en a deux, monsieur.
2 Le moins cher, c'est "L'Hôtel du Bon Accueil".
3 Non, il n'est pas loin d'ici. Place de l'Eglise.
4 C'est simple. En sortant d'ici vous prenez la première rue à gauche.
5 Vous ne me devez rien. Les renseignements sont gratuits.

* * *

You go to the tourist office to ask what the town has to offer you and your family. Here are the answers you receive.

1 Des sports? Il y a beaucoup de possibilités.
2 Pour vos parents, il y a le vieux château.
3 Non, il est à cinq minutes à pied seulement.
4 Oui, voilà notre liste d'excursions.
5 Un plan de la ville? Oui, bien sûr.

4   *Booking hotel accommodation*

You wish to book your family in at a French hotel. You are speaking to the manager on the phone. Here are the answers you give to his questions.

1 Je voudrais réserver deux chambres, monsieur.
2 Le dix juillet.
3 Avec salle de bain, si c'est possible.
4 Au deuxième étage? Oui, ça va.
5 Oui, nous vous la confirmerons par écrit. Au revoir, monsieur.

* * *

You are at the reception desk of a French hotel. You want a room for yourself. The receptionist asks you the following questions.

1 Bonjour, monsieur. Vous désirez?
2 Oui. Etes-vous plusieurs?
3 Vous comptez rester combien de temps?
4 Quelle pièce d'identité pouvez-vous me montrer?
5 Que prendrez-vous pour votre petit déjeuner?

* * *

You are in another hotel. They have two rooms left and you are interested in the cheaper one. This time you are asking the questions. Here are the receptionist's replies.

1 Oui, il nous en reste deux.
2 C'est 80 francs la nuit, monsieur.
3 Non, le petit déjeuner est en sus.
4 Bien sûr, vous pouvez la voir.
5 Au quatrième étage, monsieur.

5   *Problems at the hotel*

You return in the evening to the hotel at which you are staying only to find you have lost your key. You go up to the receptionist who asks you the following questions.

1 Il y a quelque chose qui ne va pas, monsieur?
2 Ah, votre clé! Où la mettez-vous habituellement?
3 Quand avez-vous vu votre clé pour la dernière fois?
4 Pourquoi ne l'avez-vous pas laissée à la réception?
5 Quels objets de valeur avez-vous laissés dans votre chambre?

* * *

You have left your transistor radio at the hotel you were staying at during your holidays. You go back and meet the manager. He asks you the following questions.

1 Quand avez-vous quitté l'hôtel, monsieur?
2 Combien de temps êtes-vous resté ici?
3 A quel moment vous êtes-vous rendu compte que vous n'aviez plus votre transistor?
4 A quel endroit dans votre chambre l'aviez-vous mis?
5 Où peut-on vous contacter demain?

* * *

You have been at your hotel for a few days, but your neighbour who moved in last night kept you from your sleep. You complain to the manager. What questions does he ask?

1 Je ne suis pas content, monsieur. Je voudrais ma note.
2 Mon nouveau voisin m'a empêché de dormir.
3 Il a fait marcher son transistor jusqu'à minuit.
4 Une autre chambre? Alors, d'accord.
5 Je déménagerai tout de suite, si c'est possible.

6 *At the camp-site/youth hostel*

You are camping in France with your parents. On arriving at the camp-site you get out of the car and go up to the office to book in. Here are the questions the man in charge asks you.

1 Que puis-je pour votre service, monsieur?
2 C'est pour vous seul?
3 Vous êtes arrivés à pied?
4 Jusqu'à quand voulez-vous rester?
5 Où voulez-vous être placés?

* * *

You are booking your family in at another camp-site. This time *you* are asking the questions. Here are the answers the man in charge gives you.

1 Oui, c'est moi.
2 Un emplacement libre? Oui, bien sûr.
3 Non, il faut payer à la fin de votre séjour.
4 Oui, vous pouvez manger au restaurant du camping.
5 Ah oui, la fiche! Je l'avais oubliée!

* * *

You are youth-hostelling on your own in France. You are booking in for two days. Here are your answers. What are the warden's questions?

1 Non, je suis seul.
2 Je suis parti de Nîmes.
3 Deux nuits, monsieur.
4 Oui, voilà ma carte, monsieur.
5 Non, j'ai apporté mon propre drap, monsieur.

7   Applying for a holiday job

You are applying for a job as a tourist guide. Here are the questions you hear at the interview.

1 Où avez-vous vu notre offre d'emploi?
2 Pourquoi vous intéressez-vous à ce travail?
3 Il faudra travailler le soir, aussi. Qu'en pensez-vous?
4 Vous n'aurez pas de problèmes avec votre français?
5 Quand devez-vous rentrer en Ecosse?

* * *

You are applying for a job as a waiter, having spent a month as a dishwasher in a restaurant the previous summer. Here are your answers. What are the questions?

1 Oui, je suis venu en France l'année dernière.
2 Oui, je le parle assez bien maintenant.
3 J'ai travaillé comme plongeur.
4 Parce que c'est plus intéressant que de faire la plonge.
5 Je pourrai travailler ici pendant cinq semaines.

* * *

This time you are applying for a job in a travel agent's. The following questions are put to you:

1 Depuis combien de temps étudiez-vous le français?
2 A quelle distance de chez nous se trouve votre appartement?
3 Pourquoi voulez-vous travailler à notre agence?
4 Que savez-vous faire qui pourra nous être utile?
5 Très bien. Quand pouvez-vous commencer votre travail?

8   Interests and pastimes

You are asking your French pen-pal about her school.

1 Quelle est ta matière préférée?
2 Combien de temps mets-tu pour faire tes devoirs chaque soir?
3 Quels clubs y a-t-il à ton collège?
4 Que fais-tu le mercredi après-midi?
5 Tu as des cours le samedi matin. Qu'est-ce que tu penses de cela?

* * *

Your pen-pal likes reading books and magazines. What are her replies to your questions?

1 Quelles sortes de livres lis-tu pendant tes loisirs?
2 Qui vous recommande ces livres?
3 Quels sont tes magazines préférés?
4 Qu'est-ce qui t'intéresse surtout dans ces magazines?
5 Où trouves-tu l'argent pour tes lectures?

* * *

Your pen-pal is now asking you about your interests. Here are your answers. What are her questions?

1 Quand je sors le soir je vais généralement prendre un café.
2 Le week-end je dois rentrer à onze heures.
3 Si, je regarde un peu la télé.
4 Je pense que les dancings modernes sont formidables.
5 Non, mes parents préfèrent la musique classique.

Your pen-pal got back very late from a party last night. You wish to know more details. Here are the questions you ask her.

1 Quelle était l'occasion de la "boum"?
2 Qui t'a accompagnée?
3 Comment as-tu trouvé la "boum"?
4 Comment es-tu rentrée après?
5 Qu'ont dit tes parents?

* * *

You have invited your pen-pal to your party. Here are your answers to her questions.

1 Elle commence à huit heures.
2 Oh, tu peux apporter n'importe quoi.
3 J'en ai invité une vingtaine.
4 On passera des disques et on dansera.
5 Elle va durer jusqu'à minuit.

* * *

Your pen-pal and her boyfriend fell out at a party. You wish to know the details.

1 Pourquoi vous êtes-vous disputés?
2 Qui t'a raccompagnée chez toi alors?
3 Et si ton ami ne s'excuse pas...?
4 Depuis quand sortiez-vous ensemble?
5 Tes parents, que pensent-ils de tout cela?

The French "assistante" at your school is asking you about your Christmas holidays.

1 Comment as-tu passé la veille de Nöel?
2 Qu'est-ce que tes parents ont fait pour fêter le Nouvel An?
3 A quelle heure t'es-tu levé le lendemain matin?
4 Que penses-tu de la manière écossaise de fêter le Nouvel An?
5 As-tu eu de belles étrennes le 1ᵉʳ janvier?

* * *

You are asking your "assistante" about her plans when she leaves your school at the start of the summer holidays.

1 Quand allez-vous rentrer en France, mademoiselle?
2 Comment transporterez-vous tous vos livres et vos souvenirs?
3 Qu'est-ce qui vous a plu surtout pendant votre visite en Ecosse?
4 Qu'est-ce que vous direz à vos amis quand vous parlerez de votre séjour ici?
5 Qu'espérez-vous faire après votre retour en France?

* * *

Your pen-pal invites you by telephone to spend your summer holidays in France. What you reply is printed below. What are your pen-pal's questions?

1 Les grandes vacances? C'est très gentil à toi!
2 Elles se terminent le 1ᵉʳ juillet.
3 Non, par le train: c'est moins cher.
4 Toutes les vacances, si tu veux.
5 Elle aura lieu le 20 août.

You go to the bank to cash a traveller's cheque. Not being French, you don't have an identity card, but you present your passport when asked. Here are the counter clerk's questions:

1 Que puis-je pour votre service, monsieur?
2 Pouvez-vous me présenter votre carte d'identité?
3 Ah, vous n'êtes pas Français, alors?
4 Comment se fait-il que vous parlez si bien le français?
5 Très bien. Vous avez votre passeport sur vous?

* * *

You go into a bank to change some Scottish banknotes. You find you have forgotten your passport. Here are the counter clerk's questions:

1 Combien d'argent voulez-vous changer, monsieur?
2 Mais ce n'est pas des livres sterling, ça?
3 Pouvez-vous me présenter votre passeport?
4 Où pensez-vous l'avoir oublié?
5 Quand pouvez-vous revenir pour me le montrer?

* * *

You are staying in France and have written to your parents asking for more money. They send you a money order. You go along to the post office to cash it. Here are your answers. What are the questions you are asked?

1 Voici mon passeport, madame.
2 C'est 10, rue du Fort.
3 Je suis en France pour une quinzaine.
4 Oh, c'est un très beau pays.
5 Non, merci, madame, c'est tout pour aujourd'hui.

12 At the cinema

While in France you and your family go to the cinema. You ask the ticket-lady the following questions.

1 Quel genre de film joue-t-on, madame?
2 Quelles sont les meilleures places?
3 A qui faites-vous des réductions de prix?
4 Ah! Et quand commence la séance?
5 Quelles friandises vend-on à l'entr'acte?

* * *

You are at the cinema with your pen-pal. At the interval she asks you some questions. Here are your answers. What are her questions?

1 Les actualités? Elles ne m'ont pas tellement plu.
2 Le dialogue? Si, je l'ai compris.
3 Je préfère les westerns.
4 C'est Robert Redford, je crois.
5 Oui, merci. Un esquimau, s'il te plaît.

You have been to the cinema. Afterwards you discover you have left your coat. The usherette can't find it. You go to see the manager who asks you for more information. Here are his questions.

1 Qu'y a-t-il pour votre service, monsieur?
2 Et l'ouvreuse, qu'est-ce qu'elle vous a dit?
3 Alors, quand êtes-vous venu voir le film?
4 Où étiez-vous installé?
5 Comment est votre manteau?

You go to a French restaurant and decide to eat "*à la carte*". Here are
the waiter's questions.

1 Vous voulez le menu à prix fixe, monsieur?
2 Bien. Qu'est-ce que vous prenez comme hors d'oeuvre?
3 Et ensuite?
4 Et qu'est-ce que vous voulez boire?
5 Quel dessert désirez-vous?

*   *   *

You and your family are driving to the South of France. You stop for
a late lunch at a crowded restaurant. There is one table left. Since you
are in a hurry you decide to have the "*plat du jour*".

1 N'avez-vous plus de tables libres, monsieur?
2 Qu'est-ce qu'il y a comme plat du jour?
3 Nous sommes pressés. Combien de temps faudra-t-il attendre?
4 Bon, alors, ça va. Qu'est-ce que vous recommandez comme boisson?
5 Mon père n'aime pas ça. Vous avez quelque chose de plus
rafraîchissant pour lui?

*   *   *

You are in another restaurant. You ask for the menu. Your first choice
is "off" so you ask the waiter to recommend something else. You need
help with the wine, too. What questions do you ask the waiter?

1 Bien sûr. Le voilà, monsieur.
2 Je regrette, monsieur, nous n'en avons plus.
3 Je peux vous recommander le rôti de boeuf. Il est excellent.
4 Je vous conseille un bordeaux, monsieur.
5 Nous avons des fruits, des pâtisseries, des fromages...

After swimming all morning you are sunbathing on the beach with your pen-pal. He suggests going for another swim, but you are exhausted and think it could be a better idea to hire a "*pédalo*". Here are your pen-pal's questions.

1 Pourquoi préfères-tu la Méditerranée à l'Atlantique?
2 Si on nageait jusqu'au grand rocher?
3 Qu'est-ce que tu aimerais faire, alors?
4 Bonne idée! Tu permets que je le paie?
5 Qu'est-ce que nous ferons de nos affaires?

* * *

You are about to go for a swim, as you did yesterday, when the lifeguard comes up to you. He advises you not to swim since the red flag (signalling danger) is up. Here are his answers to your questions.

1 Je vous conseille de ne pas nager aujourd'hui.
2 Parce que hier il n'y avait pas de danger.
3 Parce que le drapeau rouge est mis.
4 Ça veut dire que la mer est trop agitée.
5 Vous devrez attendre jusqu'à demain.

* * *

You wish to go into the swimming pool. At the entrance you ask the lady about the temperature of the water, whether snorkels are allowed, and if lockers are provided. Here are her answers.

1 Oui, monsieur, elle est chauffée.
2 Elle est de 20 degrés.
3 Non, les tubas sont interdits.
4 Vos affaires? Vous pouvez les mettre dans un casier.
5 C'est 5 francs, y compris la consigne.

While out in the car you and your father pick up a hitch-hiker. You see he is French from the flag on his rucksack, so you decide to practise your French. Here are his answers. What are your questions?

1 J'attends depuis cinq minutes seulement.
2 Je vais à Edimbourg.
3 Parce que c'est un très beau pays!
4 Non, c'est ma première visite en Ecosse.
5 Je vais chercher une auberge de jeunesse.

* * *

While you are in France with your parents the car runs out of petrol. You walk to a nearby garage. The proprietor asks you the following questions:

1 Bonjour, monsieur. Que puis-je faire pour votre service?
2 Ah, dommage! Où se trouve votre voiture?
3 Mais vous n'avez pas de bidon! Qu'est-ce que je vais faire?
4 Bon, alors, combien d'essence voudriez-vous?
5 Vous n'oublierez pas de me rendre le bidon en passant?

* * *

While you are out in the car with your father in France, you witness an accident in which your car and a lorry were involved. You decide to speak to the policeman who arrives, since your father doesn't speak French. Here are the policeman's questions.

1 Alors, jeune homme, c'est vous qui conduisiez?
2 Qu'est-ce qui est arrivé exactement?
3 A votre avis, qui est responsable de l'accident?
4 Qu'avez-vous fait après l'accident?
5 Où peut-on vous contacter demain?

At the end of your stay in France you go to the station to buy a single ticket to Victoria Station. Here are the booking clerk's replies. What are your questions?

1 Le train pour Londres part à dix heures.
2 Vous arriverez à Victoria à seize heures trente.
3 C'est 300 francs, monsieur.
4 Malheureusement toutes les places dans les compartiments "non-fumeur" sont déjà réservées.
5 Oui, dans la voiture-restaurant.

* * *

You go to the bus station to inquire about an excursion for Sunday, only to be told that there are none to the place you wish to go to. There are, however, seats on the Saturday coach. Here are the questions you ask.

1 Bonjour, monsieur. Il y a des excursions au Mont-Saint-Michel le dimanche?
2 Ah, bon. Quand les excursions ont-elles lieu?
3 A quelle heure part le car?
4 Pour quand le retour est-il prévu?
5 Où mange-t-on à l'heure du déjeuner?

* * *

You wish to buy a return ticket to Rouen. Here are the ticket-seller's answers. What are your questions?

1 Non, monsieur. Il part dans dix minutes.
2 Un aller et retour? Soixante francs.
3 Non, monsieur, c'est un train direct.
4 Voyons... Arrivée: midi cinq.
5 Quai numéro trois, monsieur.

17 *Problems on the train*

The ticket collector comes in to your compartment but you can't find your ticket. You don't have enough money to pay the extra charge. How do you answer the ticket collector's questions?

1 Alors, jeune homme, vous n'avez pas acheté de billet?
2 En ce cas, où l'avez-vous mis?
3 Comment pensez-vous l'avoir perdu?
4 Voulez-vous payer le supplément maintenant?
5 Alors, quelle est votre adresse, monsieur?

* * *

You have reserved a seat in the Paris train. Unfortunately you find it occupied by a lady. She refuses to move, convinced that she is in the right.

1 Pardon, madame, je crois que vous êtes assise à ma place?
2 Quand avez-vous réservé votre place?
3 Comment se fait-il que nous avons réservé tous les deux cette place?
4 Vous ne vous êtes pas trompée de compartiment?
5 Pourriez-vous me dire où se trouve le contrôleur, madame?

* * *

To your horror you find the train you are on is rushing past your station. You ask a gentleman for advice and information. Here are his replies.

1 Non, monsieur. C'est un train direct.
2 Il ne s'arrête pas avant une bonne demi-heure.
3 Je vous conseille de chercher le contrôleur.
4 Oui, c'est vrai. En cas d'urgence on peut la tirer.
5 Une amende? Ah ça, je n'en sais rien.

While you and your family are in France your mother falls ill. Some days later, you take her to the doctor, who gives you a prescription to take to the chemist's. Here are his questions.

1 Qu'est-ce qu'elle a, votre mère?
2 Depuis combien de temps souffre-t-elle?
3 Hum! Pourquoi n'êtes-vous pas venus me voir plus tôt?
4 Où allez-vous porter l'ordonnance que je vais vous faire?
5 Bon. Quand repartez-vous en Ecosse?

* * *

This time it is you who are ill, as a result of eating something that didn't agree with you. Your answers are printed below. What are the doctor's questions?

1 Non, j'attends depuis quelques minutes seulement.
2 J'ai mal à l'estomac.
3 Hier soir après le dîner.
4 Du jambon.
5 La pharmacie? Oui, elle se trouve au coin.

* * *

This time you get toothache because you didn't get your teeth checked before leaving Scotland. Answer the dentist's questions.

1 Alors, qu'est-ce qui ne va pas?
2 Depuis quand souffrez-vous?
3 Quand avez-vous consulté votre dentiste pour la dernière fois?
4 Pourquoi n'êtes-vous pas allé chez lui avant de venir en France?
5 Je vois que vous ne vous brossez pas souvent les dents! Pourquoi?

19 *At the lost property office*

You go to the lost property office to report the loss of your passport.
Here are the counter clerk's questions.

1 Qu'y a-t-il pour votre service, monsieur?
2 Où étiez-vous quand vous avez découvert que votre passeport avait
disparu?
3 Quand l'avez-vous perdu?
4 Quand aurez-vous besoin de votre passeport?
5 Où peut-on vous contacter avant votre départ?

* * *

You have lost your wallet on the beach. You have already asked the
lifeguard if anyone has handed it in, but you are out of luck. You go to
the lost property office. Here are your answers. What are the questions
you are asked?

1 J'ai perdu mon portefeuille sur la plage, monsieur.
2 Il contenait cinquante francs.
3 Quand je suis sorti de l'eau.
4 Non. J'étais seul.
5 Le maître-nageur m'a donné votre adresse.

* * *

While you are out in Paris, you find an umbrella. You take it to the
lost property office. Here are the counter clerk's questions.

1 Bonjour, monsieur. Avez-vous perdu quelque chose?
2 Où l'avez-vous trouvé?
3 Quelle est votre adresse à Paris?
4 Combien de temps comptez-vous rester à Paris?
5 Si le propriétaire offre une récompense, qu'est-ce que je lui dis?

20 Buying presents

You go into a record shop to buy a record by a French singer. You ask the assistant to recommend something good. Supply the assistant's answers to your questions.

1 Pouvez-vous me recommander un disque d'un chanteur français, monsieur?
2 Pourquoi me recommandez-vous celui-là?
3 Puis-je écouter le disque d'abord?
4 Et s'il ne me plaît pas?
5 Très bien. Où se trouve la cabine?

* * *

You are looking for a present for your father. You see a nice jumper in a shop window. You go in. The assistant asks if you wish to try it on. You say no, since your father takes a different size.

1 Vous voyez quelque chose qui vous plaît, monsieur?
2 Ah, oui. Vous voulez l'essayer?
3 Quelle est la taille de votre père?
4 Bien, nous en avons. Pourquoi lui faites-vous un cadeau?
5 Et avec ça, monsieur?

* * *

You are choosing a headsquare for your mother. You reject the first one offered because you don't think she'll like the colour. Here are your answers to the salesgirl's questions.

1 Je voudrais quelque chose à offrir à ma mère.
2 J'avais pensé à un foulard.
3 Oui, c'est joli, mais elle n'aime pas le rouge.
4 Ah oui, en jaune, c'est plus beau.
5 Pour mon père? Merci, je lui ai déjà acheté un cadeau.

Written Compositions

In this section you are required to write a letter of between 100 and 130 words (excluding introductory and concluding formulae) in reply to a stimulus letter. The first five stimulus letters which are supplied come complete with sample replies. After you have worked through these there are another twenty letters for you to answer. The standard of the stimulus letters is in the main slightly more advanced than is required of the average examination candidate, so they will provide good models for practice.

The content of your letter
You should not be stuck for ideas since the stimulus letter will have done a lot of your thinking for you. Answer carefully all the questions you are asked, giving the required information and using the appropriate tenses. Do not be ambitious: stick to the vocabulary and constructions that you know. As well as providing questions for you to answer, the letters you will be working through supply a a good deal of information about people's interests, hobbies and opinions, so there is a lot that you can adopt or adapt for your own letters.

Setting out your letter
Put your home town, but not your address, and the date in the top right-hand corner, e.g.:

Edimbourg, le premier juin
Glasgow, le 4 mai

Make sure that you know how to write your dates correctly!

Introductory formulae are not difficult: you will find one on every stimulus letter! Since the letters you will be writing are informal you would begin, for example, with:

Cher Jean,/Chère Jeanne,

and might continue with:

Je te remercie de ta lettre....

Once your letter is finished you would select an appropriate ending from the large number of formulae to be found in the following pages. To make matters even simpler you could get by in most situations with an ending such as:

Toutes mes amitiés,

Amicalement,

or
A bientôt d'avoir de tes nouvelles,
A bientôt de recevoir une lettre.

Don't forget to add your christian name at the foot of the letter!

Paris, le 10 août

Chère Julie,

Je suppose que tu es maintenant rentrée de vacances. Moi aussi, hélas! Mais j'ai passé un mois de juillet formidable sur la côte normande. Est-ce que tu aimes aussi la mer?

Où as-tu été pendant ces vacances? J'aimerais savoir ce que tu as fait. Es-tu partie seule, ou avec tes parents? Comment as-tu voyagé? Quel temps a-t-il fait?

Je pense déjà aux prochaines vacances, car j'irai retrouver mes amis en Normandie. Et toi, t'es-tu fait de nouveaux amis?

Quels souvenirs as-tu rapportés? Sais-tu ce que tu feras l'été prochain?

Malheureusement, les bonnes choses ont toujours une fin...

Je te souhaite bon courage pour la rentrée scolaire.

Mélanie

Edimbourg, le 30 août

Chère Mélanie,

Je suis heureuse de te dire que j'ai passé d'excellentes vacances. J'ai été camper à Brighton; c'est sur la côte sud de l'Angleterre. J'aime beaucoup la mer, moi aussi. Nous avons voyagé en auto. Mais le temps n'a pas été très beau, il a plu pendant quelques jours. Alors j'ai lu beaucoup.

J'ai rencontré des jeunes très sympathiques, et nous avons été danser plusieurs soirs.

Comme souvenirs j'ai acheté un tee-shirt et un petit album pour mes photos. Je ne sais pas encore si je retournerai à Brighton l'année prochaine.

Je te quitte maintenant en t'assurant de toute mon amitié.

Julie

Strasbourg, le 7 octobre

Chère Morag,

Mes parents viennent de me dire qu'ils t'invitent à passer Noël chez nous. Je suis heureuse de te rencontrer bientôt. Tu verras, Noël en France est une grande fête de famille.

Et dans ton pays, comment se passe Noël? Que faites-vous au Nouvel An? Quelles sont vos traditions? A qui offrez-vous des cadeaux? Que fais-tu d'autre d'habitude pendant les vacances de Noël?

Il y a tant de choses que je voudrais savoir à ce sujet. J'espère que tu m'écriras bientôt.

Amitiés.

Myriam

Sample Reply 2

Glasgow, le 15 octobre

Chère Myriam,

Merci beaucoup pour ton invitation que j'accepte avec plaisir. Je serai très heureuse de découvrir Noël en France.

Ici Noël est une fête très importante. Les adultes mangent et boivent beaucoup, mais pas moi bien sûr... Je fais des cadeaux à mes parents et à mes frères et soeurs, et j'en reçois aussi. C'est très sympathique.

La nuit du Nouvel-An, on va souhaiter une bonne année aux amis, et ils nous offrent à boire. On se couche très tard. Le lendemain tout le monde est très fatigué et dort longtemps. Puis on regarde la télévision (et mon père s'endort...).

Souvent aussi pendant les vacances de Noël, je fais des batailles de boules de neige avec mes amis.

Je suis impatiente de te rencontrer. Ecris-moi pour me dire quel jour je peux arriver.

Amicalement,

Morag

Sample Letter 3

Orléans, le 3 avril

Chère Marjorie,

Merci beaucoup pour ta carte d'anniversaire. C'est chic d'y avoir pensé!

Je suis très heureux car mes parents m'ont offert un lecteur de cassettes. Est-ce que toi tu en possèdes un? Ou préfères-tu les disques? Je vais enfin pouvoir enregistrer les meilleurs disques de mes copains … (tant pis si c'est illégal!).

Est-ce que tu échanges des disques ou des cassettes avec tes amis?

Mais j'ai une bonne idée: si on correspondait par cassettes plutôt que par lettres? Ce serait un excellent exercice pour nous deux. Si tu n'as pas de lecteur de cassettes, ne peux-tu pas en emprunter un?

Donne-moi ton avis dans la prochaine lettre. En attendant le plaisir de te lire, je t'envoie toute mon amitié.

Vincent

Sample Reply 3

Stirling, le 21 avril

Cher Vincent,

Quelle chance d'avoir un lecteur de cassettes pour ton anniversaire. Moi, je n'en ai pas. J'ai beaucoup de disques, et j'utilise donc un électrophone. J'échange très souvent des disques avec mes amis.

Malheureusement mes amis n'ont pas de lecteur de cassettes non plus, mais comme c'est bientôt mon anniversaire, je vais moi aussi en demander un à mes parents.

Tu peux m'envoyer ta première cassette au mois de juin, car mon anniversaire a lieu fin mai. Ça sera très agréable d'entendre ta voix. J'espère que je te comprendrai. S'il te plaît, ne parle pas trop vite.

Amitiés,
Marjorie

Toulouse, le 12 avril

Cher Mike/Chère Carolyn,

Je te remercie pour ta dernière lettre qui m'a fait bien plaisir. Quant à moi tout va vien. Je suis très occupé en ce moment car les examens approchent, et il faut travailler dur. Je passe le "Baccalauréat" cette année, et si je réussis je pourrai entrer à l'Université.

Je suppose que vous passez aussi des examens en Ecosse. Lesquels? Quand auront-ils lieu pour toi? Moi, je n'ai même plus le temps de regarder la télévision le soir et je ne sors plus avec mes copains.

Et toi, abandonnes-tu tes loisirs préférés avant les examens?

Ce qui m'ennuie le plus à l'école, c'est la chimie; je n'y comprends rien... Quelle matière trouves-tu la plus difficile? Et l'an prochain, qu'est-ce que tu feras?

J'espère que ça ne t'ennuiera pas trop de me parler de tes études. Bon courage pour tes examens.

Amicalement,

Gérard

Dumfries, le 22 avril

Cher Gérard,

Comme tu es studieux!

Nous avons aussi des examens en Ecosse, malheureusement! Cette année, je prépare le "O Grade". Il aura lieu en mai prochain.

Tu me dis que tu ne sors plus avec tes copains avant les examens; moi, je trouve encore le temps de sortir. Je joue encore au badminton et je rencontre mes amis après. Quand il y a un beau film à la télévision, je le regarde. Comme tu vois je ne travaille pas beaucoup, sauf le français qui est la matière la plus difficile pour moi.

Je pense que l'an prochain je continuerai à aller au collège, je serai alors en seconde.

J'espère que tu réussiras tes examens et je te souhaite bonne chance.

Je t'envoie toute mon amitié.

Mike/Carolyn

Sample Letter 5

Chère Lesley,

Je suis si heureuse d'entendre que tu as accepté de venir passer quelques semaines de vacances avec ma famille et moi.

Est-ce que tu aimes la mer? Sais-tu nager? Préfères-tu prendre des bains de soleil?

Tu sais, mon père m'a promis de nous emmener plusieurs fois sur son voilier.

Est-ce que tu as déjà fait du bateau? Moi, j'ai toujours le mal de mer...

Aimes-tu pêcher? Dis-moi ce que tu aimerais faire les jours de pluie?

Ecris-moi pour me donner toutes ces précisions, ainsi je pourrai commencer à rêver à nos vacances!

A bientôt donc,

Michèle

Sample Reply 5

Aberdeen, le 15 mai

Chère Michèle,

Je viens de recevoir ta lettre et je te remercie. Moi aussi je rêve déjà à mes vacances en France.

J'adore la mer, surtout quand il fait beau. Je sais nager, bien sûr; c'est mon professeur de sport qui m'a appris il y a quelques années. Et j'aime aussi prendre des bains de soleil.

Je n'ai jamais fait de bateau, mais je serai très contente d'apprendre. Peux-tu remercier ton père de ma part?

Malheureusement, je n'aime pas beaucoup la pêche: je n'ai pas assez de patience.

J'espère que nous aurons du soleil tous les jours, mais s'il pleut nous pourrons lire, ou aller au cinéma; ce sera bon pour mon français.

J'attends cet été avec impatience. Merci encore pour ton invitation.

Lesley

Nancy, le 3 septembre

Chère Karen,

Je suis heureuse de pouvoir correspondre avec toi. Je suis sûre que nous allons nous découvrir beaucoup de points communs.

Je m'appelle Elisabeth, et j'ai 14 ans. Et toi, quel âge as-tu?

Quels sports pratiques-tu? Moi, j'aime la natation et le tennis. Quels sont tes autres loisirs préférés?

Est-ce que tu habites en ville, ou à la campagne? Est-ce que ça te plaît? Pourquoi?

Depuis quand apprends-tu le français?

Es-tu déjà venue en France? Si oui, où et quand? Si non, aimerais-tu y venir?

J'ai hâte de recevoir ta réponse et de faire ainsi ta connaissance. Envoie-moi ta photo s'il te plaît.

Elisabeth

2

Grenoble, le 18 septembre

Cher Peter,

Je t'écris pour te demander si tu peux m'aider. Voilà: mon professeur d'anglais nous demande de faire une enquête auprès des élèves britanniques au sujet de leur vie à l'école. Peux-tu répondre à mes quelques questions?

Quelle est ta matière préférée (si tu en as une...)?

Que fais-tu le mercredi quand tu n'as pas de cours?

Qu'est-ce que tu penses des classes de neige?

Tes devoirs te laissent-ils le temps de faire partie d'un club à l'école?

Préférerais-tu être écolier en France plutôt qu'en Ecosse? Pourquoi?

Je te remercie beaucoup de ton aide.

Amicalement,

Jean

Créteil, le 25 septembre

Cher Paul/Chère Paula,

Je ne crois pas t'avoir beaucoup parlé de ma famille dans mes précédentes lettres. Aussi ai-je décidé de le faire aujourd'hui.

Mon père travaille dans une banque, et ma mère reste à la maison. Et tes parents, que font-ils? Préfères-tu que ta mère travaille à l'extérieur ou non? Pourquoi? Et elle, qu'en pense-t-elle?

Ma petite soeur a 5 ans. Elle est très gâtée, mais elle est quand même mignonne. J'ai aussi un frère aîné qui a 17 ans. Il est passionné de motos. Je me querelle souvent avec lui. Et toi, tu as aussi des frères et des soeurs? Si oui, parle-moi un peu d'eux et de ce qu'ils aiment faire. Si non, parle-moi des amis que tu as certainement.

Je te quitte maintenant.

Amitiés,

Jocelyne

4

Carnac, le 7 octobre

Cher David,

Hier soir à la télévision il y avait une émission sur l'Ecosse. C'était formidable. Tu as de la chance d'habiter un si beau pays.

Est-ce qu'il y a des programmes sur la France chez vous?

Qu'est-ce que tu penses de la télévision? Tu la regardes souvent? Quelles émissions préfères-tu? Pourquoi?

Qu'est-ce qui se passe quand tes parents veulent regarder un programme différent?

J'espère que tu auras le temps de m'écrire bientôt pour me donner ton avis.

En attendant, salut!

Hervé

5

Rouen, le 25 octobre

Chère Margaret,

J'ai bien reçu ta dernière lettre et ta photo pour lesquelles je te remercie bien.

J'en sais maintenant un peu plus sur ta famille, et sur ta ville, mais j'aimerais que tu me parles un peu de tes intérêts à toi.

Es-tu sportive? Quels sports pratiques-tu?

Aimes-tu la lecture? La musique (musique classique ou pop musique?)? Préfères-tu les groupes de chanteurs ou les chanteurs individuels? Connais-tu des groupes français?

Moi, j'adore Michel Sardou, c'est mon idole. J'ai tous ses disques. Est-ce que tu as beaucoup de disques? En France, ils sont chers. Combien coûte un 33 tours en Grande-Bretagne?

Ecris-moi vite s'il te plaît.

Je t'envoie tout mon amitié.

Valérie

6

Bordeaux, le 13 novembre

Cher Jimmy,

Figure-toi que le week-end dernier je suis allée au dancing. C'était formidable! Je me suis beaucoup amusée. Et toi, vas-tu souvent danser? Avec qui y vas-tu (si ce n'est pas indiscret...)? Et si non, pourquoi? Je crois que dans ton pays vous appelez les dancings des "discos".

Est-ce que les garçons et les filles dansent ensemble, ou préfèrent-ils danser seuls?

Ici les dancings sont très chers, mais nous avons droit à une boisson gratuite après avoir payé le prix d'entrée. Et en Ecosse?

Ne trouves-tu pas les dancings trop bruyants?

A quelle heure rentres-tu chez toi généralement?

Si tu viens en France pendant les vacances, je t'y emmènerai. Je pense que tu seras intéressé.

Envoie-moi un petit mot quand tu auras le temps.

Amicalement,

Françoise

7

Amiens, le 30 janvier

Chère Cathy,

Je voulais t'écrire plus tôt mais je n'ai pas eu le temps, car j'ai trouvé un travail. Pour gagner un peu d'argent de poche, je garde deux enfants le soir après mes cours. Heureusement, ils sont gentils; c'est donc un travail facile.

Et toi, comment fais-tu pour avoir un peu d'argent? Est-ce que tes parents t'en donnent? Ou peut-être préfères-tu le gagner toi-même? Donne-moi ton opinion à ce sujet. Dis-moi comment tu le dépenses. Tu t'achètes des vêtements, par exemple?

J'espère que tu vas bien. J'attends de tes nouvelles avec impatience.

Je t'embrasse amicalement.

Véronique

8

Coutances, le 3 février

Chère Joan,

J'ai pensé que peut-être tu serais intéressée par les magazines que j'achète chaque semaine. En voici quelques-uns. Dis-moi s'ils sont trop difficiles pour toi ou si tu as simplement regardé les photos!

Est-ce que tu lis, toi aussi, des magazines de jeunes? Lesquels? Qu'est-ce qui t'intéresse le plus dans ces journaux? Moi, je préfère les articles de mode, et puis, bien sûr, les bandes dessinées. Et toi?

Je serais heureuse si tu pouvais m'envoyer quelques magazines anglais. Je ne suis pas certaine de les comprendre, mais je peux toujours essayer...

Je te remercie d'avance, et je t'envoie toute mon amitié.

Charlotte

Brive, le 19 février

Cher Donald,

J'espère que ma lettre te trouvera en bonne santé. Remercie ta mère qui m'a gentiment téléphoné pour me dire que tu étais malade.

Est-ce que tu as dû rester au lit tout le temps de ta maladie? Combien de temps a-t-elle duré? Est-ce que tu ne t'es pas trop ennuyé? Qu'as-tu fait de tes journées? Tes amis t'ont-ils rendu visite? Et pour ton travail scolaire, comment t'es-tu arrangé?

J'espère que ta maladie n'est plus qu'un mauvais souvenir maintenant.

Si cela ne te fatigue pas trop, écris-moi vite pour me rassurer tout à fait.

Bonne chance et bonne santé!

Bertrand

10

Orléans, le 28 février

Chère Mary,

Nous sommes très heureux que vous ayez accepté de passer quelques jours chez nous. Peut-être pourriez-vous nous écrire pour nous parler un peu de vous. Par exemple, quels sont vos passe-temps favoris? Quel genre de livres aimez-vous? Quels sports pratiquez-vous? Aimez-vous les animaux? (Nous avons un chien nommé Tibaut.)

Peut-être aussi voudriez-vous aller voir un film en français? (Nous ne regardons pas beaucoup la télévision.)

En attendant de vos nouvelles et le plaisir de vous rencontrer, soyez assurée de nos sentiments les meilleurs.

M. & Mme. Leblanc

Aix-les-Bains, le 2 mars

Chère Gillian,

Je suppose que ton anniversaire sera déjà passé quand tu recevras ma lettre. Mais j'espère que le petit cadeau que je t'ai envoyé est arrivé à temps. Tu sais, j'ai failli oublier ton anniversaire cette année...

Je suis curieuse de savoir ce que tu as fait ce jour-là, et si tu as eu un bon anniversaire? Tu as certainement invité des amis? Combien étiez-vous? Est-ce que tu as reçu de jolis cadeaux? Quel est le meilleur souvenir que tu gardes de ta journée? Comment te sens-tu maintenant que tu as un an de plus?

J'attends avec impatience ta prochaine lettre.

Je t'envoie mes sincères amitiés.

Dominique

Chalon-sur-Saône, le 13 mars

Cher Bob,

Ta mère m'a téléphoné hier. Elle m'a dit que tu avais eu un accident, mais je n'ai pas compris le reste de la conversation: tu connais la qualité de mon anglais! Je suis inquiet pour toi, car je n'ai pas de détails: est-ce que tu étais à pied, à vélo ou en voiture?

Comment est arrivé l'accident? Et avec qui? As-tu été blessé? Qui est venu pour t'aider? Est-ce qu'on t'a emmené à l'hôpital? Y es-tu resté quelques jours?

J'espère surtout que ce n'est pas grave, et je te souhaite un bon rétablissement. Donne-moi vite de tes nouvelles.

Et fais attention, s'il te plaît...

Eric

Dieppe, le 18 avril

Chère Carol,

Merci mille fois pour ton invitation à passer quelques semaines chez toi cet été. Bien sûr, je suis enchantée, et j'imagine qu'on va bien s'amuser toutes les deux.

Peux-tu me dire le temps qu'il fait généralement l'été en Ecosse, et les vêtements qu'il faut emporter? Parle-moi aussi des coins que nous irons visiter, et des choses que nous ferons.

Remercie bien tes parents de ma part. Je voudrais leur apporter un petit cadeau. A ton avis, qu'est-ce qui leur ferait plaisir?

Je pense arriver le 1er juillet. Est-ce possible? Viendras-tu me chercher à la gare? N'oublie pas de me dire comment je te reconnaîtrai (car tu ne m'as jamais envoyé de photo de toi).

J'attends les beaux jours avec impatience, et je t'envoie toutes mes amitiés.

Sophie

Calais, le 23 avril

Cher David,

Alors, cette traversée, comment s'est-elle passée?

Ici un orage a éclaté juste après le départ de ton bateau. Et il a plu pendant des heures et des heures! J'espère que tu n'as pas eu le mal de mer? Est-ce que tu as acheté des souvenirs?

Penses-tu que le temps sera meilleur quand je viendrai au mois d'août? Toi qui es maintenant un globe-trotter, quel moyen de transport me recommandes-tu? Bateau ou hovercraft? Combien de temps environ dure le voyage?

J'attends de tes nouvelles avec impatience, et je t'envoie mon meilleur souvenir.

Alexis

Rennes, le 6 mai

Cher Peter,

    Mon professeur d'anglais vient de me dire que je dois absolument améliorer mon anglais... Et la meilleure solution, évidemment, est de passer quelques semaines en Grande-Bretagne.
    J'ai donc décidé de chercher du travail en Ecosse pour le mois de juillet. Pourrais-tu m'aider à trouver ce travail?
    Quel genre de travail pourrais-je faire: vendeur, plongeur ou serveur dans un restaurant, barman? Je suis même volontaire pour aller ramasser des pommes de terre!
    Aurai-je besoin d'un permis de travail?
    Où est-ce que je pourrai loger, et prendre mes repas?
    Je te remercie de ton aide.
    Pense à moi si tu vois une annonce intéressante dans le journal.
    A bientôt peut-être?

Sylvain

16

La Rochelle, le 10 mai

Cher John/Chère Sheila,

    Tu m'as écrit pour que je te trouve un endroit sympathique où passer tes vacances. J'espère pouvoir t'aider, mais pour cela il me faudrait plus de détails:
Combien de personnes serez-vous?
Dis-moi où vous voulez loger: auberge de jeunesse, camping, ou autres...?
Combien de temps resterez-vous?
Quelles facilités sportives voulez-vous trouver à proximité: piscine, terrain de sport, par exemple?
Quels projets intéressants avez-vous faits pour ces vacances?
    Avec ces renseignements, il me sera plus facile de trouver quelque chose qui vous plaira.
    En attendant de te lire, je t'envoie mon amitié.

Daniel

17

Cherbourg, le 14 mai

Chère Alison/Cher Alan,

Tu me dis dans ta dernière lettre que tu aimerais travailler dans une famille française l'été prochain.

Justement mes parents ont des amis qui habitent la campagne et qui s'intéressent à ton offre. Mais pour te connaître un peu mieux, ils aimeraient savoir :

Pourquoi tu veux travailler dans une famille ? Et pourquoi en France plutôt que dans un autre pays ?

Peux-tu dire aussi si tu as déjà travaillé; et quel était ton travail?

Quel genre de travail pourras-tu faire dans la famille ?

Si tu es toujours d'accord, je t'enverrai leur adresse.

Bonne chance, et à bientôt peut-être.

Chantal

18

Vienne, le 3 juin

Chère Elaine,

Voilà les grandes vacances qui approchent. Quelle chance! Je vais partir un mois à la mer avec mes parents. Et toi, que feras-tu cet été? Mais d'abord, combien de semaines de vacances as-tu? Si tu n'as pas de projets, voudrais-tu passer quelques semaines en France chez nous? Penses-tu que tes parents te laisseront voyager seule?

Si tu as des questions, n'hésite pas à me les poser!

J'espère que tu viendras. On va certainement bien s'amuser. Et puis je suis sûre qu'il fera très beau.

Ecris-moi vite ta réponse.

Amitiés.

Jeanne-Marie

Lyon, le 15 juin

Cher Paul,

Enfin ça y est! L'agence de voyages vient de me donner mes billets. Mon avion arrivera donc à 16 heures, le 30 juin et non pas le 2 juillet. C'est plus tôt que prévu, mais tous les autres vols étaient complets. J'espère que cela ne posera pas de problèmes?

Est-ce que tu habites loin de l'aéroport? Ton père viendra-t-il me chercher en voiture? Pourras-tu l'accompagner, où seras-tu encore en classe? Ça serait chouette, si tu pouvais venir! Si ton père n'est pas libre, ne t'inquiète pas, je prendrai un taxi. J'espère qu'il y en aura!

Dis-moi aussi ce que nous ferons le premier soir. Peut-être pourrions-nous aller au dancing?

Envoie-moi un petit mot si tu peux, ça me ferait plaisir. Mais ne tarde pas, car je pars bientôt.

Amicalement,

Pascale

20

Valence, le 28 juillet

Cher John,

J'espère que tu es bien arrivé chez toi après avoir raté ton train! Mon père te prie de l'excuser encore pour t'avoir conduit trop tard à la gare.

Je suppose que tu as aussi raté l'hovercraft? Combien de temps as-tu attendu pour prendre le suivant?

J'espère que tu n'as pas dû payer un autre billet? Es-tu arrivé à temps pour la correspondance de Londres?

J'imagine que ton voyage a duré une éternité... Qu'as-tu fait pour passer le temps? Tes parents t'ont-ils attendu longtemps à la gare?

J'espère que tu gardes quand même un bon souvenir de ton séjour chez nous.

Amitiés.

Christophe

Vocabulary

abriter to harbour

accompagnement M accompaniment

accord M : *se mettre d'accord sur* to agree upon

accrocher to hang up

accueil M welcome

accueillir to greet, welcome

achat M purchase

acier M steel

actuel present

actuellement at present, at the moment

aération F ventilation

aérien air (adj.)

affaire F bargain

affaires F business; *homme d'affaires* M businessman

affluence F crowds; *moment d'affluence* M busy period

s'affoler to panic

afin de in order to

agglomération F built-up area

s'agir : il s'agit de it's a matter of

aile F wing; *virer sur l'aile* to bank (of an aeroplane)

ailleurs elsewhere; *d'ailleurs* besides

air M air; tune; *avoir l'air de* to seem; *courant d'air* see *courant*

aise F : *mal à l'aise* ill-at-ease

aisé easy

aisément easily

ajouter to add

alerte agile

alimentation F groceries, food

aller : s'en aller to go away

s'allonger to lie full length

allumette F match

alors que when

amateur M lover

amener to bring

amour M love

amoureux M lover; *amoureux de* in love with

ampoule F light bulb

ancien old

anciens M old people

annonce F advertisement

s'apercevoir to notice

appareil M set

appareil-photo M camera

appareil vidéo M video-recorder

apparition F appearance

appartement M flat

appartenir to belong

apprendre to learn; tell; teach

armoire F cupboard; wardrobe

arracher to snatch; tear away

arrêter to stop; arrest

(s')asphyxier to suffocate

assiette F plate

assurance F insurance

s'assurer to make sure; make secure

atelier M workshop, studio

atomiseur M aerosol

atterrir to land

attirer to draw, attract

audace F boldness

au dessus de above

augmentation F increase

augmenter to go up, increase

autodiscipline F self-discipline

auto-stop: faire de l'auto-stop to thumb a lift

autour de around

avant : en avant forward

avenir M future

averti expert

avertir to warn; inform

aveugle blind

aveugler to blind

baby-foot M table football

baignoire F bath

balade F drive, run

ballon M balloon

bande (F) magnétique tape

banlieue F suburbs

banquet M dinner

banquette F seat

barbiturique M barbiturate

barrage M dam

bataille F battle

bateau (M) d'occasion second-hand boat

bâtiment M building

bâtir to build

bâton M stick

se battre to fight

bavardage M chattering

bénéfique beneficial

berger see *chien*

besoin M need; *avoir besoin de* to need

bête stupid

bibliothèque F library; *bibliothèque enfantine* children's library

bienvenu welcome
blessé injured
La Boère the name of a centre for treatment of drug addicts
bois M wood
boisson (F) *alcoolisée* alcoholic drink
bon marché see *marché*
à bord on board
bouger to move
boulanger M baker
boule (F) *de cristal* crystal ball
bousculer to jostle
bouton M button, switch
brigade (F) *des stupéfiants* Drugs Squad
brillamment brilliantly, with flying colours
brûler to burn
brune F brunette
brusquement suddenly
bruyant noisy
but M goal

cabaret M nightclub
cabine (F) *d'essayage* fitting-room
cacher to hide
caisse F cashdesk, checkout; crate
caméra F cine-camera
camionnette F van
campagne F campaign; country
caoutchouc M rubber
capot M bonnet
caresser to stroke; hug
ceinture F belt
centaine F about a hundred
cependant however
cesser de to stop
chaîne (F) *hi-fi* hi-fi system
chaînette (F) *de sécurité* safety chain
champ M field
chance F luck
chanson F song
char M (carnival) float; cart
chariot M trolley
château M mansion
chauffage M heating
se chauffer to get warm
chaussette F sock
chef d'oeuvre M masterpiece
chien (M) *de berger* sheepdog
chienne F bitch
chiffon M cloth

choix M choice
chouette super
citer to quote, mention
clé F key
coeur M heart
se cogner contre to bump into
coiffeur M hairdresser
colère F: *mettre en colère* to anger; *se mettre en colère* to lose one's temper
coller to stick
colline F hill
combattre to fight
combinaison F wet-suit; ski-suit
commerçant M shopkeeper
commissaire (M) *de police* police superintendent
commissariat M police-station
commun common; see also *transports*
complet full
complice M accomplice
se comporter to behave
compréhensif understanding
concours M competition; competitive examination
concurrent M rival
condamner to condemn
congé M holiday
congélateur M freezer
congre M conger eel
connaissance F acquaintance; *faire la connaissance du quelqu'un* to make someone's acquaintance
conquête F conquest
conseil M advice
conseiller to advise
consigne F left-luggage locker
consommer to consume
constructeur M (boat-)builder
construire to build, construct
convaincre to convince
corail M coral
corne F horn
cornemuse F bagpipes
corps M body; see also *garde*
corvée F chore, irksome task
côté M side
cou M neck
coupure F cut
courant (M) *d'air* draught
courses F: *faire les courses* to do the shopping
court short
coûteux expensive, costly

coutume F custom
couverture F blanket
cracher to spit
créer to create
crêpe F pancake
crever to burst
croire to believe
cueillir to pick
cuire to cook
cuisine F kitchen; cooking
cuisiner to cook

davantage more
débutant M beginner
déception F disappointment
déchirer to tear
décollage M take-off
décoller to take off (of a plane)
décontracté relaxed; casual
à la découverte de in search of
défiler to walk in procession
définitivement for good
déguisement M disguise
se déguiser to disguise oneself; put on
  fancy dress
dehors outside
délicat difficult, tricky
délice M delight
déménager to move house
dent F tooth
dépense F expense, outlay
déplacement M travelling
se déplacer to move around, get about
dès right from; *dès que* as soon as
désintoxication F detoxification (treatment for drug addiction)
désolé distressed
se détériorer to get worse
détourner to divert
détruire to destroy
devoir to owe; have to
dextérité F skill
diapo(sitive) F slide, transparency
difficile difficult (to please)
diffuser to broadcast
diminuer to diminish, reduce
diriger to direct, run
discrètement discreetly
disparaître to disappear
disponible available
dispute F argument, quarrel

se disputer avec to have an argument
  with
disquaire M record-dealer
distraction F amusement
distraire to distract
distraitement absent-mindedly
se divertir to amuse oneself
domicile M home
dos M back
dossier M file
douane F customs
douche F shower
doux gentle
drap M sheet
se dresser to stand
drogue F drug
drogué M drug addict
droguer to drug
dur M tough guy
durer to last

échapper to escape
économie F saving
écraser to crush, flatten; *s'écraser* to
  crash
s'écrouler to collapse
effacer to erase
effectuer to carry out
effet M effect
également equally; also
s'égarer to get lost
égayer to cheer up
église F church
égoïste selfish
égout M sewer
électrophone M record-player
élever to bring up, rear, breed
embêter to annoy
embouteillage M traffic-jam
émettre to emit
émission F broadcast
emmener to take; give a lift to
empêcher to prevent
empiler to pack into
employée (F) *de maison* home help
emprunter to borrow
enchanté delighted
encombré de loaded down with
endormir to put to sleep
endroit M place, spot
enfance F childhood; *petite
  enfance* infancy

enfantin   childish; see also *bibliothèque*

enfermé   shut up

enfermer   to lock up; *s'enfermer à clé*   to lock oneself in

s'enflammer   to set oneself on fire

s'enfuir   to run away

enlever   to take off, remove

ennuis M   troubles, worries

ennuyer   to bore; *s'ennuyer*   to become bored

ennuyeux   boring

enregistrement M   recording

enregistrer   to record

enrhumé : être enrhumé   to have a cold

entier   whole

entourer   to surround

entraînement M   training

entraîner   to take, pull

entretenir   to maintain

envie F   desire

environ   around

époque F   age

épouse F   wife

équipage M   crew

équipe F   team

escalier (M)   *roulant*   escalator

espèce F   kind; species

esprit M   spirit

essai M   try (at rugby)

essayage   see *cabine*

essence F   petrol

essuyer   to wipe

état M   condition; *Etat* M   State

éteindre   to extinguish; *s'éteindre*   to go out

s'étendre   to spread

étincelant   sparkling

étoile F   star; *étoile de mer* F   starfish

étouffer   to smother

étrange   strange

étranger M   foreigner; (adj.) foreign; *à l'étranger*   abroad

étudier   to study

événement M   event

éviter   to avoid

évolutif : le ski évolutif   short-ski method

s'excuser   to apologize

expérience F   experiment

exposer   to exhibit

exprès   deliberately

extincteur M   fire-extinguisher

extra   great

fabriquer   to make

face : faire face à   to face

façon F   way, manner; *de façon à*   so as to

faire : il a bien fait   he was right

fantôme M   ghost

fermeture éclair F   zip-fastener

fête F   festival; *Fête des Mères*   Mother's Day; *Fête des Pères*   Father's Day

feu M   fire; heat

feuilleton M   serial

fier   proud

filet M   (luggage) rack; net

fin F   end

fixation F   (ski-)binding

fixé sur   set on

flic M   "cop", policeman, policewoman

foin M   hay

fonder   to found

force F   strength

forcément   necessarily

forêt F   forest; *Forêt Noire*   Black Forest

formidable   fantastic

fort   very

fortune : à la fortune du pot   see *pot*

fou M   madman

fouiller   to search

foule F   crowd; loads (of)

fourrure F   fur

frites F   chips

fumer   to smoke

gant M   glove

garde : prendre garde   to take care

garde (M)   *du corps*   bodyguard

garder   to keep; look after

géant M   giant

geler   to freeze

gênant   embarrassing

genou M   knee

genre M   type

gens M   people

gentil   nice

glisser   to slip; slide

goût M   taste

goûter   to taste

gratter   to scratch

gratuit   free

grave   serious

gravure F engraving
grimper to climb

habitude F habit
habitué à used to
s'habituer to become accustomed
hall M arrival (or departure) hall
en hauteur vertically
honte : avoir honte de to be ashamed of
horaire M timetable
horloge F clock
hospitalier hospitable
Hôtel de ville M town hall

image F picture
immeuble M block of flats
impensable unthinkable
imperméable M raincoat; (adj.)
  waterproof
n'importe quel any
inclure to include
inconvénient M disadvantage
infirmière F nurse
innombrable countless
inonder to flood
inoxydable (adj.) stainless steel
inquiet anxious
instituteur M teacher
interrompre to interrupt
intitulé entitled
inutile useless, pointless
inverse M opposite
isolé isolated, lonely

jeu M game, set
jouet M toy
joueur M gambler
jupe F skirt

lâcher to release
laid ugly
laine F wool
lancer to launch
lande F moorland
langouste F crayfish
lavage M washing
lave-vaisselle M dishwasher
lecture F reading
lentement slowly

lieu M place; *avoir lieu* to take place;
  au lieu de instead of
location F hire, hiring
logement M accommodation
longueur F length
louer to book; rent; hire
lourd heavy
lunettes F glasses, goggles
luxe M luxury
lycée (M) *technique* technical school

machine (F) *à écrire* typewriter
magasin M department store; *magasin
  à grande surface* hypermarket
magnétophone M tape-recorder
magnétoscope M video-recorder
maire M mayor
mairie F town hall
maître M master
maître-nageur M lifeguard; swimming
  instructor
mal badly; *mal de tête* M headache;
  faire mal à to hurt
maladie F illness, disease
malgré in spite of
malhonnête dishonest
manche M handle; F sleeve
manquer to miss; lack
manteau M coat
marchand M shopkeeper
marché M market; *bon marché* cheap;
  Marché aux Puces Fleamarket;
  meilleur marché cheaper
"marcher" to "sell"
marée F tide
marginale F dropout
Marie Claire name of a French
  magazine
marine F navy
marque F brand; mark
matelas M mattress
médaille (F) *d'or* gold medal
médecin M doctor
se méfier de to beware of
meme ; de même the same
menacer to threaten
ménage M housework
messe F mass (church service)
à mesure que as
météo F weather forecast
métier M job
meubles M furniture

mille (adj.) a thousand
milliers M thousands
mobylette F moped
le moindre the slightest
moitié F half; *à moitié* half
montée F rise
moquerie F mockery
mortel fatal
moteur M engine
moto F motorbike
moufle F mitt
se mouiller to get wet
mouton M sheep
moyen M means
musée M museum

naissance F birth
natation F swimming
en nature in kind
naviguer to sail
nettoyer to clean
neuf new
noircir to blacken
nourrir to feed; *se nourrir de* to live on
nourriture F food
à nouveau again
nouvelles F (PL) news
noyer to drown

occasion F bargain; *bateau d'occasion* see *bateau*
s'occuper de to look after
s'offrir to afford (to pay for)
oiseau M bird
or M gold
orage M storm
ordures F(PL) rubbish
oreiller M pillow
os M bone
ôter to take off
ouvre-boîtes M tin-opener

palmes F flippers
pancarte F sign
panne F breakdown
paraître to appear
parapluie M umbrella
parcourir to travel, cover
paresseux lazy
parfois sometimes

partager to share
partie F part; *faire partie de* to belong to
à partir de from
partout everywhere
passer to play (a tape); sit (an exam); *se passer* to happen; *se passer de* to do without
passionnée F fanatic
se passionner pour to be fascinated by, keen on
pauvre poor
paysage M scenery
peindre to paint
à peine scarcely
peinture F painting, picture
se pencher to lean
"*percer*" to "break through"
périr to perish
permettre to allow, let
personnage M person; character
peser to weigh
pétanque F *pétanque* (a game of bowls)
(à) peu près roughly
pièce F part; room
pierre F stone
piéton M pedestrian
pieuvre F octopus
pigeon (M) *voyageur* homing-pigeon
se piquer to inject oneself
pire worse; *le pire* the worst thing
piscine F swimming-pool
piste (F) *(de ski)* ski-run
pittoresque picturesque
place F seat; square
plaisancier M (amateur) sailor
plaisanter to joke
plaisanterie F joke
plaisir M pleasure
plat M dish
plateau M tray
plein de a lot of
pleurer to cry
pleurs M tears
plongeon M dive
plonger to dive
pluie F rain; shower
la plupart (de) most (of)
plutôt rather
poids M (SING) weight
poignard M dagger
poing M: *coup de poing* punch

point M stitch
pointe F : *heures de pointe* rush-hours
poitrine F chest
poliment politely
portefeuille M wallet
poser to put down
posséder to own, possess, have
pot M : *à la fortune du pot* pot luck
poubelle F dustbin
poupée F doll
pourtant (and) yet
poussière F dust
pratique practical
pré-enregistré pre-recorded
préféré favourite
préparatifs M preparations
presque almost
pressé in a hurry
se presser to hurry up
preuve F proof
prévoir to foresee; provide for
prix M price
proche near
produire to produce
se produire to happen
produit M product
profond deep; *peu profond* shallow
promener to lead; parade
proposer to suggest
propre clean; own
propriétaire M owner
protéger to protect
prouver to prove
à proximité close by
prudent careful, wise
publicité F commercial (on TV)
Puces see *marché*
puissant powerful

queue F tail
quinzaine F fortnight
quotidiennement daily

rage F : *faire rage* to rage
ralentir to slow down
ramasser to gather
randonnée F trip, outing
rang M row (of seats)
rapport M : *par rapport à* in relation to

rapporter to bring in
rassurer to reassure
rayon M counter; department
réaliser to realize; carry out
réchaud M (portable) cooker
recherche F search
rechercher to look for
reconnaître to recognize; acknowledge
recopier to copy
recoudre to stitch up
recrutement M recruiting
recueil M collection
récupérer to salvage, recover
réduire to reduce
règle F rule
rembourser to pay for
remonte-pente M ski-lift
remplacer to replace
remplir to fill
renaître à la vie to come to life again
rendre to make; *se rendre (à)* to go (to)
réparation F repair
repasser to replay
repeindre to repaint
se reposer to rest
reprendre to take up again, to go back to
réseau M network
résoudre to solve
respirer to breathe
ressources F: *sans ressources* penniless
restaurer to restore
retardé backward
retenir to keep, hold back
réunion F meeting
réunir to gather together
réussir to succeed; pass (an exam)
rêve M dream
réveil M alarm clock
revendeur M second-hand dealer
revue F magazine, journal
rive F (river) bank
rouler to go, drive
ruban M ribbon
rugir to roar, bellow

sain healthy; *sain et sauf, saine et sauve* safe and sound
salir to dirty
Salon (M) (*du bateau*) (Boat) Show
salut M salvation

saucisse F sausage
sauf except for; *sain et sauf* see *sain*
saut M jump
sauter to jump
scintillant glistening
sec dry
sécher to dry
séjour M stay
selon according to
sens M sense
(se) sentir to feel
sérieux M seriousness
serpent M snake
serrer to grip; squeeze
service M service; duty
serviette F towel
se servir de to use
serviteur M servant
seul only; lonely; *le seul* the only (one)
siècle M century
sifflement M whistle
simuler to simulate
soigner to look after
soirée F evening
sol M ground
sombre dark; gloomy
somme F sum
sommeil M sleep; *il a le sommeil léger* he is a light sleeper
son M sound
sonner to ring
sortie F exit
sortir to take out; come out
souffrir to suffer
sourd deaf
sourde-muette deaf and dumb
souriant smiling
sous-marin underwater
souvenir M memory, recollection; *se souvenir (de)* to remember
stage M course of training
station F resort
sténodactylo F shorthand typist
stupéfiant M drug; *brigade des stupéfiants* see *brigade*
suffisamment sufficiently, enough
suite : de suite in a row; *par la suite* subsequently
suivre to follow
supermarché M supermarket
supplémentaire extra
supporter to endure, suffer

sûr safe; sure
surnommer to nickname
surprenant surprising
surtout especially
surveiller to keep an eye on
survoler to fly over
suspendre to hang
sympathique attractive

T.V.A. F V.A.T.
tableau M board; picture, painting
tâche F task
taille F size
tandis que whereas
tant de so many
tarder to delay
tel such (as)
téléphérique M cable-car
télé-ski M ski-tow
temps M : *le bon vieux temps* the good old days
tendresse F fondness
tenter to tempt
terrain M ground
à terre on the ground
tire-bouchon M corkscrew
tirer to pull
toucher to touch; get; be paid; *toucher à* to concern, have to do with
tournée F round
tourner to turn out
trafiquant (M) *de drogue* drug trafficker
traîner to drag (off)
tranquille quiet
tranquillisant M tranquilliser
tranquillité F peacefulness; *en toute tranquillité* without being disturbed
transports (M PL) *en commun* public transport
à travers through
tristesse F sadness
tromper to deceive, mislead; *se tromper* to be wrong
tuba M snorkel
à tue-tête at the top of one's voice
tuyau M length of tubing; pipe

usage M use
utiliser to use

vacancier M holidaymaker
vagabond M stray (dog)
valeur F value
valse F waltz
varié different
veiller to stay up with
vente F sale
venir de (faire quelque chose) to have just (done something)
vérifier to check
verre M glass
veston M jacket
vide empty
vider to empty
vie F life
vieillard M old man
vieillir to become older

vierge : cassette vierge blank cassette
vignette F car tax disc
vingtaine F a score, about 20
virer to turn; *virer sur l'aile* to bank (of an aeroplane)
vitesse F speed
vivant alive
vivre to live
voile F sail
voilier M sailing-boat
voisin, voisine M,F neighbour
voisinage M neighbourhood
vol M theft; flight
voler to steal
voleur, voleuse M,F thief
voyageur see *pigeon*
vue F sight